体育俱乐部系列丛书

武术散打

主　编　黄生勇　金　马
副主编　武　坡　王昆鹏

西安电子科技大学出版社

内 容 简 介

本书是根据体育教学改革的需要,紧密结合大学生的强身健体和散打训练的需求编写而成的,系统阐述了武术散打的教学与训练内容。

全书分为教学篇和训练篇,其中教学篇包含前五章,训练篇包含后七章。教学篇主要从理论、技术动作上讲解武术散打的基本理论、技术及俱乐部教学的基本要求;训练篇主要从散打运动员选材、训练的角度来诠释散打运动,详细论述了运动员的训练内容、运动损伤处理办法及散打比赛规则。

本书既可作为普通高校的俱乐部教学用书,亦可作为武术散打爱好者的自学参考书。

图书在版编目(CIP)数据

武术散打/黄生勇,金马主编.—西安:西安电子科技大学出版社,2015.8(2025.1 重印)
ISBN 978 - 7 - 5606 - 3781 - 5

Ⅰ.① 武…　Ⅱ.① 黄…② 金　Ⅲ.① 散打(武术)—中国　Ⅳ.① G852.4

中国版本图书馆 CIP 数据核字(2015)第 199477 号

策　　划　毛红兵
责任编辑　毛红兵
出版发行　西安电子科技大学出版社(西安市太白南路 2 号)
电　　话　(029)88202421　88201467　　邮　编　710071
网　　址　www.xduph.com　　　　　电子邮箱　xdupfxb001@163.com
经　　销　新华书店
印刷单位　陕西日报印务有限公司
版　　次　2015 年 8 月第 1 版　2025 年 1 月第 8 次印刷
开　　本　787 毫米×1092 毫米　1/16　印张　9.5
字　　数　216 千字
定　　价　32.00 元
ISBN 978 - 7 - 5606 - 3781 - 5
XDUP　4073001 - 8

＊＊＊ 如有印装问题可调换 ＊＊＊

体育俱乐部系列丛书

编 委 会

——前　言——

中华武术有着悠久的历史，不但可以强身健体、防身自卫、竞技比赛、娱乐观赏，还可以陶冶情操、磨炼人的意志品质，是一项具有民族文化特色的传统体育运动。散打作为武术的一个重要组成部分，是具有中国特色的搏击项目，有着健身、修身、防身、养身的作用和深厚的群众基础，深受现代大学生特别是男学生的喜爱。武术的核心内容就是技击，而散打是中国武术的对抗形式，是武术的精华，是最高的表现形式。

大学生通过武术散打练习，可以强身健体，防身自卫，提高预防和治疗疾病的能力，培养正确的心态，修养身心，树立民族自尊心，传承中国传统文化。武术散打教学对发展我国的民族传统教育，弘扬武术精神起着重要的作用，同时，高校学生拥有的科学文化知识和现代思维方式对武术的发展又能起到积极的促进作用。散打运动发展30年来，已经作为一项体育项目被逐渐引入到大学体育课中。

通过武术散打的教学，可使大学生掌握武术散打运动的基本知识、基本技术、提高武术散打比赛和裁判组织能力；可促进学生的身心健康发展，培养自觉锻炼的习惯，为终身体育打下基础；使武术运动在学校得到更大范围的传播，使中国武术散打得到长足发展与壮大。

通过学习和训练散打，能够发展学生的力量、耐力、柔韧性、灵敏性等素质；同时散打又是一项对抗性体育运动，可以发展人的心智，使人的身心得到全面的锻炼。坚持散打训练，可强筋骨、壮体魄。散打是以双方互相对抗为运动形式的，这就要求练习者在实践中正确把握进攻的时机，防守要到位，反击要及时，从而建立正确的条件反射；同时还要针对不同的对手和双方临场的变化，提高应变能力以及击打和抗击打的能力，这就起到了提高防身自卫和克敌制胜的技能的作用。初学散打，要忍受拉韧带的痛苦；攻防练习，要承受击打和抗击打的皮肉之苦；进行实战，要克服胆怯、犹豫、紧张、鲁莽等不良心理反应。因此，通过长期的散打训练，可以培养大学生勇敢、顽强、机智、果断、灵活等精神，进而形成成熟、稳健、积极向上的优秀品质。

限于编者水平，书中难免存在不足之处，恳请读者批评指正。

编者
2015 年 3 月

目　录

训 练 篇

教学篇

第一章 武术散打概论

　　散打是一项徒手搏击格斗的技术，它的母体是中华民族传统体育瑰宝——武术运动。武术本身是以技击为主要内容的民族传统体育项目，而散打则是武术运动的对抗性形式，是武术运动的最高表现形式和精髓之所在。

　　现代散打运动，是以踢、打、摔、拿为主要技击内容，在比赛规则的限制下互以双方格斗技击动作来斗智、较技的对抗性体育竞赛项目。它是格斗双方智力、体力、技术和心理意志的综合抗衡，具有高度的攻防实战性和激烈对抗性。

第一节 武术散打运动的由来与发展

一、武术发展的历史渊源

　　原始社会时期，人们为了获得生活资料，逐渐学会了使用拳打、脚踢、绊缚、擒拿等动作"手擒猛兽"（包括鸡、鸭、牛、羊等）。尤其是私有制萌芽后，部落间的战争使人与人相斗的技术不断发展。西汉时期的储具圆雕（格斗）就生动地展现了徒手搏斗的场景。考古化石表明，当时猛兽极多，特别是剑齿虎，十分凶猛。在云南的沧源原始岩画上就有人与野兽搏斗的描绘，画面上有两人双臂展开与兽搏斗，另有一人两手各持短棒似赴援者。在这样的自然环境中，人类为了生存和获取食物，除制造和使用简单的工具外，还必须依靠自身的徒手技能与大自然斗争。有时人与人之间为了获取生产资料也要进行搏斗，这种搏斗为武术徒手搏击的萌生奠定了基础。据史料记载，早在原始部落，发生大规模战争之前，原始先民之间便为争夺首领地位和领地而进行争斗了。到了氏族公社时代，由于物质利益，部落之间经常发生战争，使用武力就成为他们掠夺财富的一种最主要的手段。在这些战争中，除器械的拼杀之外，徒手搏击也不可避免。掌握一定的搏击实战技能和经验就成为当时人们保护自己消灭敌人的有效手段。在这样的环境下产生了武术徒手搏击的萌芽。

　　到了奴隶社会，即夏、商、周时期，作为具有独立形态的武术徒手搏击，即"手搏"形成了，并成为当时奴隶主乐于欣赏的一项活动。据《殷·本纪》记载："帝纣……材力过人，手格猛兽。"可见这种"格兽"已非生产技能，而是服务于奴隶主、贵族狩猎活动的搏斗技能。《礼记·王制》记载有"凡执技论力，适四方，赢股肱，决射御"，表明当时已经有了用"执技论力"、"赢股肱"来决定胜负的相搏之技。《释名》称："相搏将谓广搏以击之也。然举手去要，终在扑也。"《谷梁传》记载：周朝有两个高手叫秦堇文与梁纥（孔子之父）"以力相高"，这表明武术徒手搏击在周代时已发展到一定的水平。

　　春秋战国时期，便有了近于比赛形式的"春秋角试"，每年以此来选拔士卒。《管子七法》记载，"春秋角试 ……收天下之豪杰，有天下之骏雄"相搏取胜。《左传·成公十六年》述："叔山冉搏人以投，中车所轼。"《荀子·富国》说："是犹鸟获与焦绕搏也。"《国语》记载了赵简子听说牛谈有力，就把他请来与其臣少室周比赛，结果少室周败给了牛谈。

上述资料反映当时手搏已经作为专门的搏击技能存在了。除了技术外，战术也有一定的发展。在《荀子·议兵篇》和《资治通鉴》中都有记载："若手臂之捍头目而覆胸腹也，诈而袭之与先惊而后击之，岂手臂不救也。"从中看出徒手相搏，已有惊上取下、佯攻巧打的战术运用。《庄子·人间世》说："且以巧斗力者；始乎阳，常卒乎阴，大至则多奇巧。"可见战术在搏击实战中有了一定的运用。到了秦汉三国时期，相搏分化为"角抵"和"手搏"。"角抵"以摔为主，"手搏"以打为主，同时也兼有摔。《汉书·艺文志》中收录的《手搏》六篇虽已失传，但在残简中有"相错蓄，相散手"的释文，"错蓄"是两人摔倒纠缠的样子，"散手"则是两人分离后空拳而斗的样子，这是最早在相搏运动中使用"散手"一词。这说明角抵和手搏已相互分离，并丰富了武术徒手搏击的内容。

二、武术散打发展回顾

在 1975 年湖北江陵凤凰山秦墓中出土的一件木篦上描绘有手搏的彩色漆画。画面上有三个男子，均上身赤膊，下着短裤，腰间束带，足穿翘头鞋。右边两人正在进行"手搏"比赛，左边一人双手前伸，为比赛裁判。比赛在台上进行，台的上部还有帷幕飘带。整个比赛画面激烈紧张，参加"手搏"的双方，一方横击另一方头部，另一方闪躲后弓步冲拳还击对方头部。

除了手搏外，当时还有角抵，主要是指两两相敌的角力，即颜师古所说："抵者，当也。"这既是力量的较量，又是技艺的较量。角抵活动不仅可以强身健体，而且可以通过这种激烈的对抗赛，使观赏者精神振奋，回味无穷。

汉初，刘邦曾一度罢废角抵，但却没能完全禁止，到了汉武帝时，反而大力提倡。如《汉武故事》载："未央庭中设角抵戏，角抵者六国所造也，秦并天下，兼而增广之，汉兴虽罢，然犹不都绝，至上（武帝）复采用之，并四夷之乐，杂以奇幻，有若鬼神。角抵者使角力相抵触者也。"武帝特别嗜好此戏，《汉书》中就有"武帝作巴渝、都卢、海中、砀极、曼衍、鱼龙、观角抵之戏"的说法。不仅宫廷如此，民间也相当流行角抵活动。《汉书·本纪》载："元封三年（公元前 108 年）春，作角抵戏，三百里内皆观。""元封六年夏，京师民众观角抵于林平乐馆。"可见民间对角抵的喜爱程度。陕西省历史博物馆收藏的一幅汉墓铜牌上，也刻有角抵纹饰的画。画中两人赤脚，互相用一手扳腿，一手抱腰，相抱相摔，十分生动逼真。

西汉时"角抵"指"戏"，汉以后"角抵"一词便与"角力"一词混用了，这个过程中又出现了"手搏"。关于"手搏"，在汉画像砖中多有体现。如四川新都出土的汉画像砖"手搏图"中，就生动展示了两人手搏对峙的姿态。河南密县打虎亭 2 号东汉墓室北壁画中有两个大胡子壮士，赤身，着短裤，留长发，足蹬翘头靴，两人在相较相搏。

总体讲，秦汉时期是"角抵""手搏"的发展时期，秦以角抵为雅言，突出摔的方法；汉以手搏为技术，其基本特征是徒手搏击，重在扑，或倒或伤或死，二者有一定的区别。

隋唐时期是角抵、手搏盛行的时期。隋唐五代时，手搏、角抵备受重视，比赛几乎形成制度。社会繁荣使手搏的发展有了一定的基础。当时的武举制，更促进武术向精练化、规范化方向发展。《隋书》记载了当时比赛的热闹场景，在大业六年，来自各地的高手云集在端门街各献"天下奇技"，一比就是几天，甚至"终月而罢"。

宋元时期是角力、手搏的盛行时期。宋时手搏作为强身、活动手足的重要手段在民间广为流传。《史弘肇龙虎君臣会》中说："二人拳手厮打，四下人都观看，一肘二拳三翻四合，打倒分际，众人齐喊一声，一个汉子在血泊里卧地。"可见宋时手搏已"拳""肘""脚"兼用，并出现了比赛的规则：不准"揪住短儿""按起裤儿"，可以"按直拳""使横拳""使脚剪"。上述资料表明宋时手搏已有一定的规范程度。

到了元代，宫廷曾先后 10 次下禁令，严禁民间持有兵器习武，尽管手搏受限，民间仍练习不止。《元史》中同样也有关于"手搏"的记载。

明代是中国古代武术承上启下的重要时期，此时手搏多称为"白打"或"搏击"。比赛称之为打擂台，赛前先设擂主，由擂主安排好高手准备应战；赛前双方先要立好生死文书，否则不准上台比武。

清朝前期，伴随着农民运动及秘密结社组织的发展，出现了不少练武的"社"、"馆"，同时也出现了一些门派及理论，创新出许多的武术套路，而且有多种练功方式，人们开始重视武术的健身、防身、自卫、修身养性的作用。此时女子练习散手也较为盛行，清采蘅于《虫鸣漫录》记载："楚南有兄弟两人，请来拳师学艺，其妹在楼上看……哥哥被拳师打倒，于是妹与拳师斗，交手后，妹飞起一脚，踢中拳师要害……"

民国初期，受西洋文化的影响，武术已趋向现代体育。河北武术大师霍元甲在上海创立了"精武体操学校"，后改为"精武会"。河北马良创编并推广了中华新武术。中央国术馆成立，并于 1928 年 10 月举行了"第一届国术国考"。这次徒手比赛不分级别、不分流派、不带护具，不准攻击眼、喉、裆部，三局两胜，采取双败淘汰制，开启了近代武术搏击（散手）即散打比赛的新纪元。到了 1933 年举办的第二届国术国考，就有了护具规定和要求，比赛以性别分组，按体重分级，没有时间限制，将对方击倒为胜一局，三局两胜。

新中国成立后，武术作为中华民族文化遗产正式被列为推广项目，随后在研究发展重点上，先将武术套路运动形式进行推广，作为竞赛表演的重点，但散打运动在民间仍广为流传。

为了使武术攻防格斗技术在比赛中得到检验，1979 年 3 月首先在浙江体委、北京体院和武汉体院三个单位进行武术对抗项目的试点训练；同年 5 月，在南京市举行的全国武术观摩交流大会上，上述单位进行了公开表演；同年 10 月，在第四届全运会上再次进行公开表演。1980 年 5 月，在山西太原举行的全国武术观摩交流大会上进行表演的省市进一步增加。同年 10 月，国家体委调集有关人员，开始制定散打比赛规则（意见稿）。1981 年在沈阳举行的全国武术观摩交流大会上，北京体院与武汉体院进行了公开表演比赛。1982 年，国家体委又调集有关人员制定了《武术散手（散打）竞赛规则》（初稿），并按这一规则在北京举行了全国十单位武术散打邀请赛。自此，本着"积极稳妥"的精神，每年都举行一次全国性的武术对抗项目（散打）表演赛，不断总结经验，并在 1987 年采用了设台的办法，确定了以擂台为民族特色的竞赛形式。1988 年，在由中国武术研究院、中国武术协会主办的国际武术节上首次举办了国际武术邀请赛，来自 15 个国家和地区的近 60 名运动员进行了角逐，这标志着武术散打已经走上了现代体育竞技的舞台。与此同时也出现了"散打"与"散手"相混用的现象，经过反复讨论没能达成一致意见，直到今天这种现象仍然存在。

通过 1979—1988 年这十年的实验、总结与研究，散打项目竞赛训练裁判规则日趋完善。1989 年，国家体委将武术散打确定为国家正式竞赛项目，同年 10 月在江西宜春市举行了第一届全国武术散打擂台赛。1990 年正式出版了《武术散手（散打）竞赛规则》，同年批准了 14 名武英级运动员和第一批国家级武术散打裁判员，同时比赛的评分也采用了电子记分器，标志着散打从表演进入了正规化的武术散打比赛时代，这为散打的发展开创了新的历程。1991年，全国武术散打比赛分为上半年举行的全国武术散打锦标赛（团体赛）和下半年举行的全国武术散打锦标赛（个人赛）。1993年，在第7届全国运动会上，散打首次被列为正式比赛项目，设团体金牌1块；1997年的第8届全国运动会上，散打项目金牌增加到3块。各省市及行业体协先后成立了散打专业队和集训队，并在国家体委直属六大体院开设武术散打专业，各地方武术馆、体育学校习练散打的学员层出不穷，散打运动在群众中已有广泛、深厚的基础。1998年，在泰国曼谷举行的第12届亚洲运动会上散打比赛被列为竞赛项目。

2000年，经国家体育总局批准，国家武术运动管理中心组织举办了中国武术散打王争霸赛，全国各体协及省市专业运动队纷纷报名参加。散打王比赛奖金丰厚，赛事宣传、组织具有现代水平。主办者在比赛护具和比赛规则上进行了大胆的创新，将散打比赛护具改为点护式，即取消原来的护胸、护腿、护头，比赛时运动员只穿护裆，戴护齿、拳套；并且在原来散打擂台的基础上设立了围绳，缩小了比赛场地；将比赛时间改为五局，这大大增加了比赛的对抗性和精彩程度。散打王比赛的成功举办标志着武术散打已向职业化道路迈进。

2003年，国际武术联合会组织在中国上海举办了第一届世界杯武术散打比赛，比赛共设11个级别，有十几个国家和地区选派优秀的运动员参赛。我国选派8名选手参加比赛共获得6块金牌。世界杯散打赛的成功举办标志着中国武术散打向国际体坛的全面进军，中国武术被赋予了新的使命："武术源于中国，属于世界。"中国武术（套路和散打）在不远的将来必将走进奥运会的殿堂。

第二节　武术散打运动的现状及发展

近年来，国际上徒手搏击术在飞速发展，并呈现出五彩缤纷、欣欣向荣之势。特别是欧美的自由搏击、泰国的泰拳以及日本的K-1都以频繁的赛事、强大的攻击力和震撼的宣传效果风靡世界。中国武术散打运动也与国际搏击运动一样在如火如荼地开展。无论是国内的"散打王争霸赛"，还是中国散打对抗美国职业拳击、泰国职业泰拳，抑或是散打对抗法国自由搏击、日本空手道等，一时间中外武林赛事频繁，捷报频传，真有让众人眼花缭乱、目不暇接的感觉。然而冷静地分析中国武术散打的现状，却发现有很多不足，需要加以改进和完善。

中国散打经过30多年的发展，运动员的技术水平、体能、抗击打能力已经有了较大提高，出现了一批优秀的运动员，同时，教练员、裁判员队伍也已形成，标志着散打自身建设在走向成熟。但是，中国武术散打受传统文化的影响，与国外的搏击术相比显得更文气些。虽然散打在1989年被国家体委列为正式比赛项目，但国人似乎更热衷于武术套路及武术健身。天安门广场曾有万人太极拳表演的情形。当然，这是博大精深的武术文化底蕴的体现，但从搏击比赛激烈性的角度及提高观众的关心程度来看，却显得力不从心。

从规则的角度分析，中国散打强调的是打点得分取胜，因此采用累积积分制。2000年至2002年举行的散打王争霸擂台赛就是采用累积积分制，运动员在比赛中多是以抢点得分为战术指导思想，较少使用重拳、重腿击倒战术，这与散打王争霸擂台赛的规则导向有关。因为击倒只比摔倒多得一分，很难拉开得分的差距，而重拳、重腿进攻很容易被对手运用灵活的技法得点而失分。由于散打规则不鼓励击倒，倾向于击中得分，因此比赛场上便出现了频繁使用不疼不痒的小边腿进攻及相互搂抱的抱摔现象。由2002年散打王总决赛现场情况看，虽然各级别冠军为总冠军头衔奋力拼搏，并体现出了中国武术以小胜大、以弱胜强的特点，但赛场效果及竞技效果却显现不足。无论是总冠军宝力高还是表现神勇的薛凤强，均以打点得分为指导思想，缺少有威胁的重拳及重腿进攻，因此整场比赛并没有出现观众期待的火爆场面及队员真正意义上的KO场面。这也是"散打王"总决赛规模、影响力不大的主要原因之一。

如今，现代徒手格斗竞技已有一体化趋势，如美国的"终极格斗冠军赛"、日本的"K-1"、泰国的"泰拳冠军"等，虽然规则不完全相同，但取胜的原则是相同的，就是鼓励击倒（即KO）取胜。它们多采用扣分制，如K-1采用每回合10分为最高分，如被一次击倒扣3分，再次击倒扣4分，即使击中很多次也只是扣1至2分，因此得分差距很容易拉开。

中国散打存在着致命的弊端，那就是对传统武术实战技法的研究与继承不够。散打一直没有脱离拳击、泰拳、跆拳道等比赛模式的阴影。难怪有人尖锐地批评散打为"拳击＋腿＋摔"。因此国内的散打比赛观众寥寥无几也就不足为奇了。具有五千年光辉历史的中国武术，其传统的攻防技法是极其丰富的。就进攻部位及方法讲，手、脚、头、膝、肘、肩、胯等部位均可进攻并杀伤对手，且招法隐蔽、实用。现代散打由于受规则限制，进攻方法仅停留在踢、打、摔上，且缺少KO对手的重武器。历史上，中国传统武术技法战胜外国搏击术的例子很多，如20世纪40年代，小将蔡云龙以华拳和少林拳招式先后击败俄籍拳击名手马索洛夫和美籍重量级黑人选手鲁塞尔，便是体现传统武术技击精华的例证。现代散打与传统拳术的技击虽同为格斗项目，但在训练和攻防运用上却有着很多质的区别。传统拳术的修炼与运用，在理论上是"外遵天道自然的法规、规律；内顺自身内外各部位、器官的情形"，内外统一而修，统一而用，表现为高效、全方位的攻防技法。其机动灵活的攻防变化，时时处处体现出内在的法则与规矩，所谓"万变不离其宗"。现在的中国散打颇似拳击、泰拳、跆拳道等搏击术的翻版，脱离了中国传统拳术的技击精华。从中国散打运动员赛场表现看，虽然在技术上吸收了各种搏击术、拳术的外在招法，但其攻防运用表现为招法零碎、单一；其自身整体表现为躯干与四肢不一致，内在的精、气、神与身法、步法、手法不统一，因而显得不伦不类、不强不弱。这也是我国散打顶尖高手苑玉宝、格日勒图惨败曼谷的原因。

只有深入研究和继承传统武术技法，使传统技法与现代散打密切结合，并且吸收国外优秀搏击术的技术、理念，才能创出有中国特色的散打模式，并促进中国散打体系的全面发展。

第三节　武术散打的特点

一、具有鲜明的体育性

武术散打属于体育范畴，但它又突出地反映出武术的特殊本质——技击性。武术散打是互以对方身体为攻击目标，利用踢、打、摔等技术来完成的。它明显地区别于使人伤残的技击术内容。现代散打技术从传统武术中吸取精华，又从体育的观点出发，制定了散打竞赛规则，规则规定了禁击部位及比赛时必须穿戴护具。现代散打的技法是以增强体质、交流技艺、防身自卫为练习目的的。所以说武术散打是在比较安全的规则下进行互为攻防的运动，虽具有较强的攻防技击性，但又与实用技法有所区别，因此现代散打运动是技击与体育的完美结合。

二、具有激烈的对抗性

散打比赛双方没有固定的动作顺序，是互以对方技击动作为转移的，是通过互相斗智、较技来战胜对方的。散打的基本表现形式就是对抗，运动员在掌握了一定的攻防技术动作后，还要掌握运用技术进攻对方的时机，更要有敏锐的观察、迅速的反应及敏捷的应变能力。正是武术散打的内在特点，决定了它以相互对抗的形式来表现，这也明显有别于武术套路的运动表现形式。

三、具有鲜明的民族特色

武术散打是中华民族优秀的文化遗产，是在中国特定的历史条件下逐渐演变发展形成的，因此它具有鲜明的民族特色。正确对待胜负的心理素质，遇到强手时要克服消极逃避心理，这无疑对培养拼搏向上的意志品质有着一定的作用。经过这些锻炼，可以培养人顽强、果断、坚毅的性格，使练习者摒弃软弱和怯懦而敢于拼搏进取。

四、具有较强的观赏价值

武术散打有着广泛的群众基础和很强的生命力，比赛紧张激烈。许多古籍史料和文学名著中有关散打的描述，围观者都是"人山人海、群情沸腾""三百里内皆来观之"。每当赛场上出现精彩场面时，台下都报以热烈的掌声，茶余饭后观看一场散打比赛，无疑是精神上的一种享受。在丰富文化生活的同时，运动员在比赛中所表现出的坚韧不拔的意志品质、拼搏向上的竞技精神也会给人一种启发。如今不仅习练散打的人越来越多，而且观看散打比赛的观众也日益增多，这说明了武术散打有很高的艺术魅力及观赏价值。

第四节 武术散打的作用

一、健体防身

散打是一项体育运动，通过学习和训练，能够提升人的力量、耐力、柔韧性、灵敏度等素质；同时散打又是一项对抗性体育运动，可以发展人的心智，使人的身心得到全面的锻炼。坚持散打训练，可强筋骨、壮体魄。

散打是以双方互相对抗为形式的运动，这就要求习练者在实践中正确把握进攻的时机，防守要到位，反击要及时，从而建立正确的条件反射；同时还要针对不同的对手和双方临场的变化，提高应变能力以及击打和抗击打的能力，这一切都起到了掌握防身自卫和克敌制胜技能的作用。

二、锻炼品质

散打训练，从开始的基本动作、基本技术练习，到条件实战以至全面实战的练习过程中，在每个阶段和每个层次都对人的意志品质具有不同程度的考验和锻炼。

初学散打时，要忍受拉韧带的痛苦；攻防练习时，要承受击打和抗击打的皮肉之苦；加量加强度时，要克服疲劳之苦；进行实战时，要克服胆怯、犹豫、紧张、冒失等不良心理反应。通过长期的散打训练，可以培养习者勇敢、顽强、坚毅，不怕苦、不怕累，敢于拼搏的精神，进而形成成熟、稳健、积极向上的优秀品质。

三、竞技观赏

武术搏击之所以有很强的生命力，能延续到现在，除了与社会文化背景以及运动的本身特点有极大关系外，其搏击形式所具备的较高观赏性，也起到了一定的作用。在历史上，擂台比武除暴安良已传为佳话，当今不仅练习散打的多，而且观看散打比赛，对散打抱有极大热情的观众也日益增多，说明散打比赛不仅刺激、激烈，而且斗智、斗勇，具有较高的观赏价值。

四、竞技交流

中国武术徒手搏击，早在一千多年前就传到日本，当时称"唐手"，后来改称"空手"。现在，有许多国家的武术爱好者不仅喜爱中国套路武术，而且也喜欢散打运动。通过与各国选手较技，不仅可以促进国际武艺交流，将中国散打运动推向世界，而且也可以增进各国运动员之间的了解和友谊，促进国际文化交往。

第五节　散打与武德教育

一、武德教育在社会主义精神文明建设中的地位和作用

（一）武德教育在社会主义精神文明建设中的地位

我国是历史悠久的文明古国，自古以来就非常重视礼仪，讲究道德。今天，我国社会主义现代化建设飞速发展，物质文明水平得到了巨大提高，与此同时对精神文明方面的要求也就越来越高，改革开放初见成效，社会主义市场经济正在建设之中，怎样建设精神文明以保障物质文明建设的顺利进行就显得更加重要。

武德教育是社会主义精神文明建设的一个重要内容。精神文明既包括教育、科学和文化，也包括道德、理想和社会风气等内容，特别是道德和道德风气，通常是衡量一个社会精神文明的重要标志。武术是一项具有健身价值和技击功能的传统体育项目，它既能强身健体、防身自卫，又能修身养性、陶冶情操，还能通过研练武术了解丰富的传统文化内容。武术特殊的价值功能，对维护社会秩序的稳定、保护人民利益、调节人际关系都有其特殊的作用。例如运用武术的技击功能，既可以保护自己，又可以与坏人坏事作斗争，维护社会的安定团结。当然，没有好的武德也可能恃强凌弱、为害四方、败坏社会风气。由于武术

的特殊功能，武德教育在社会主义精神文明建设中更具有特殊的重要地位。

（二）武德教育在社会主义精神文明建设中的作用

武术运动正被越来越多的人喜爱。在我国武术人口与日俱增的形势下，加强武德教育对社会主义精神文明建设具有促进作用。

（1）通过武德教育能激发民族精神，弘扬祖国传统文化。

武术是中华民族智慧结晶的一部分。它不仅具有强身健体的作用，更有修身养性的功效。武德教育中蕴含了深刻的民族精神，这无疑将对习武者起到激发民族"自强不息"，"厚德载物"精神的作用。历史上具有崇高民族气节的习武者举不胜举，戚继光、岳飞、霍元甲，都是武德高尚的英雄。他们为了国家和民族的崛起，不惜牺牲自己生命的事迹，可歌可泣。近百年来，我国饱受帝国主义欺凌，许多爱国的武术家，以高尚的武德情操和精湛的武技，挺身而出，飞上擂台，使那些帝国主义列强的拳师，不敢在中国的武坛上耀武扬威。他们为国争光，大振了中华的武威。

武术是中华民族的文化，也是人类文化中灿烂的一颗明珠，武德教育就是要人们认识到这一点，让人们珍视它、弘扬它。

（2）武德教育能促进社会进步，推动物质文明建设。

武德约束习武者的行为规范，它一方面要求习武者热爱祖国，热爱武术事业，遵守规矩；另一方面，要求习武者见义勇为，敢于同一切违法行为作斗争。据有关调查表明，练武术的少年儿童，其组织纪律性明显好于一般少年儿童。在我们的现实生活中，有许多练习武术的人，他们不仅能够自觉地遵纪守法，更能够见义勇为，遇到坏人、坏事，挺身而出，奋不顾身。

通过武德教育，能使人与人之间和睦相处，团结友爱，互相谦让，从而调节了人与人之间的关系，促进了社会稳定，保证了物质文明建设的顺利进行。

（3）通过武德教育能培养出德才兼备的一代新型武术人才。

武术和武德不可分。"学艺先学礼，习武先习德"已成为一条真理，没有一个良好的武德基础就不可能练好武术，即使学到了一些功夫，也不会做出有益的事。只有通过武德教育引导人们正确地教、学、习、练、比武术，才能培养出一代新型武术人才。

所以，武德教育是当前新形势下引导武术人才健康成长的重要手段。当前，改革开放带来了经济的腾飞，人民物质生活水平飞速提高，这是毋庸置疑的。但我们应该看到受西方各种思潮、各种伦理道德法规影响，我们的社会风气也存在着一些问题，拜金主义、个人主义、自由化思潮等一些不良风气正影响着我们，特别是对正在成长的青少年武术人才影响更大。一方面，在一些武术馆校里，有不少青少年的习武观不正确，甚至在个别武术专业大学生中，打架斗殴的事件也时有发生，所以加强武德教育势在必行；另一方面，随着经济的发展，武术事业也在蓬勃发展，武术人口与日俱增，据不完全统计，我国有武术馆校千余家，在校的学生有几万人，他们有一定的武术技能，如果没有良好的武德，后果可想而知，所以我们必须加强武德教育。也只有这样，才能引导他们健康成长，使之成为社会主义现代化建设需要的文武兼备的武术专门人才。

二、武德的基本原则和主要内容

武德的内涵随着社会的发展、时代的前进而变化。武德在不同历史时期有着不同的原则和内容。封建社会，武德思想受传统的儒、道、佛、法等各家的影响和封建统治阶级的意志束缚，在很大程度上存在着"忠君"、"门户之见"、"唯我独尊"等保守落后思想。社会主义条件下形成的现代武德，摒弃了封建腐朽的东西，继承了精华，把武德教育与爱国精神有机地结合在一起，将武德教育提高到塑造民族精神的高度，成为社会主义道德教育的重要组成部分。

（一）武德的基本原则

崇德尚武，发扬民族精神，是今天我们提倡武德的基本原则。武德在发展过程中，从最初维护民族利益的道德观，到现在把国家、民族的利益放在首位，冲破单一、狭隘的道德意识，终于使尚武与崇德紧密结合，构成了中国民族精神的主体。崇德是尚武的前提，尚武是崇德的反映，通过崇德尚武，最终要发扬"自强不息"、"厚德载物"的民族精神，为社会做出贡献！

（二）武德的主要内容

武德是习武者的道德规范和道德品质。它包含着以下十个方面的基本内容：

（1）武德高——爱国爱民，品德高尚。为武之道，以德为本。习武首先要重视武德的学习，要有好的思想品质，这是提高武技的前提。

（2）武旨正——强身健体，卫国防身。学习武术的宗旨要正确，练武是为了强健身体，掌握武技为人民服务，保卫国家和人民安全，绝非恃艺为非作歹，损害群众利益。

（3）武纪严——不斗凶狠，遵规守纪。有了一定的武术技能，不能逞凶斗狠，无事生非，应该遵守各项法规制度，做遵纪守法的模范，并能够主动同坏人坏事做斗争。

（4）武风良——尊师爱生，互研拳学。在武林同仁中，要形成一种学生尊敬老师，老师爱护学生，互相尊重，共同研习武术的良好风气，为武术的发展贡献出一份力量。

（5）武礼谦——抱拳行礼，谦和礼貌。无论习武者之间，还是与其他人之间，都应该以礼相待，有礼有节，平易近人，谦虚诚恳，不能出口不逊，得意忘形，败坏武德。

（6）武志坚——意志坚强，百折不挠。武术，是一项内容繁多，技术性较高的运动项目，学习起来有一定难度，这就要求习武者有坚强的意志，不怕困难，立志为武术事业献身。

（7）武学勤——拳不离手，勤学苦练。要学习好武术，就应该拳不离手，坚持不懈地朝演夕练，勤学苦练。历史上武术有所成就的人，都是勤学的结果，只有这样才能学习好武术。

（8）武技精——钻研武技，精益求精。"艺无止境"，武术博大精深，内涵丰富，非一朝一夕所能穷尽，必须刻苦钻研，不断进取，精益求精，才能使武艺精湛。

（9）武仪端——举止庄重，容端体正。习武者应该仪表端正，举止文雅，表现出气宇轩昂的精神风貌，不能衣装不整、体态不端。

（10）武境美——环境优美，井然有序。练习武术，要主动保持练习场地、生活环境的卫生，特别是训练场地、衣物、器件等要摆放整齐，爱护公物，让习武环境、生活环境优美整洁。

三、武德的基本要求

（一）武术学生"十不可"

不可轻师；不可忘义；不可逞斗；不可欺人；不可酗酒；不可赌博；不可吸烟；不可戏色；不可炫耀；不可无礼。

（二）武术教师"五不传"

人品不端者不传；人无恒心者不传；不知珍重者不传；心险好斗者不传；轻浮外露者不传。

第六节　武术散打的礼节、服装、段位制

一、武礼

（一）徒手礼

常用的抱拳礼是由中国传统"作揖礼"和少林拳的抱拳礼（四指礼）加以提炼、规范、统一得来的，并赋予其新的含义。

行礼的方法是：并步站立，左手四指并拢伸直成掌，拇指屈拢；右手成拳，左掌心掩贴右拳面，左指尖与下颏平齐。右拳眼斜对胸窝，置于胸前屈臂成圆，肘尖略下垂，拳掌与胸相距 20～30 厘米。头正、身直，目视受礼者，表情举止自然大方。

抱拳礼的具体含义是：左掌表示德、智、体、美"四育"齐备，象征高尚情操。屈指表示不自大，不骄傲，不以"老大"自居。右拳表示勇猛习武。左拳掩右拳相抱，表示"勇不滋乱"、"武不犯禁"，以此来约束、节制勇武的意思。

左掌右拳拢屈，两臂弯曲成圆，表示五湖四海（泛指五洲四洋），天下武林是一家，谦虚团结，以武会友。左掌为文，右拳为武，文武兼学，虚心、渴望求知，恭候师友、前辈指教。

（二）武礼的应用

（1）在教学训练中的运用。

武术课堂是一个严肃的教育场所，师生要用武术礼仪的标准来约束自己，言行有礼。技术教学训练礼节：上课铃响时，班长或值日生整队集合（每个同学之间相距 10 厘米），清点人数完毕，向老师（教练）报告时，师生均行"抱拳礼"。老师向学生问"同学们好"的同时，行"抱拳礼"。学生在回答"老师好"的同时，行"抱拳礼"。然后落手立正，礼毕，上课开始。下课时，老师向学生说"同学们再见"，学生在答"老师再见"的同时，行"抱拳礼"，落手站立，然后学生再落手立正。礼毕，师生下课。

（2）在理论课堂中的运用。

当老师走向讲台时，班长发口令："起立，敬礼！"学生起立行"鞠躬礼"。老师看学生已行礼端正，亦行"鞠躬礼"答谢。班长发口令："坐下！"学生就座，开始授课。下课时，老师说："下课！"班长发口令："起立，敬礼！"学生起立行"鞠躬礼"。老师看学生都已行礼端正，亦行"鞠躬礼"回谢，礼毕，下课。

（3）参加比赛时的运用。

比赛开始前运动员要先向裁判员和观众敬礼，然后要向对方运动员敬礼，比赛结束后再次敬礼。

二、服装

比赛时运动员必须穿戴赛会规定的统一比赛服装，平时练习时须穿与运动相适应的运

动服装，套路表演时须穿戴传统服装。

三、段位制

中国武术段位制是为增强人民体质，推动武术运动的发展，提高武术技术和理论水平，建立规范的全民武术体系，而特别制定的。

（一）中国武术段位制——段位等级

中国武术段位制以三级九段作为评价等级，分为段前级和段位。段前级分为一至三级，是考取武术段位前的级别。段位分为一至九段，由初段位、中段位、高段位组成。初段位分一至三段，其中三段可以协助段位制指导员担任教学工作。中段位分为四至六段，获得中段位可通过相应的培训和考试取得段位制指导员或考评员资格。高段位分为七至九段，在武术技术、理论方面有建树，为武术发展做出突出贡献者可申请并通过考评，获得相应的高段位。

（二）中国武术段位制——年龄限制

武术段位制讲究的是论资排辈，德才兼备、德高望重者优先。按照规定，每个段位都有年龄限制。凡注重武礼，年龄在 6 周岁以上者，可申请晋升段前级一至三级。初段的年龄必须在 11 岁以上；四段必须获得三段资格两年以上，从事武术活动 10 年以上；八段则要求年龄在 52 岁以上；而九段要求更严，年龄在 60 岁以上，且获得八段达 8 年以上，精通 3 种以上拳种的技术体系和理论体系，并取得重大成就者。

如果一位武林高手，掌握了精深的武术理论，对武术项目做出了巨大贡献，没到 60 岁，也不能评上九段。为了弘扬武术文化，鼓励社会各界人士关心武术项目，武术段位制还专设了荣誉段位。

（三）中国武术段位制——技术考核

1. 初段位

（1）凡从事武术锻炼 2 年以上，经入段资格技术考评成绩合格者，取得入段资格。

（2）凡取得入段资格 1 年以上，在考评中，演练一段的一套拳术或散手基本技术，成绩合格者，可申请晋升一段。

（3）凡获得一段 1 年以上，在考评中，演练二段的一套拳术或散手攻防组合技术，成绩合格者，可申请晋升二段。

（4）凡获得二段 1 年以上，在考评中，演练三段的一套拳术、一套器械（长短任选）或散手实战技术，成绩合格者，可申请晋升三段。

2. 中段位

（1）凡获得三段 2 年以上，在考评中，演练四段的一套拳术、一套器械，或在散手四段晋段实战考试中，成绩合格者，可申请四段。

（2）凡获得四段 2 年以上，在考评中，演练五段的一套拳术、一套器械，或在散手五段晋段实战考试中，成绩合格者，可申请五段。

（3）凡获得五段 2 年以上，在考评中，演练六段的一套拳术、一套器械，或在散手六段晋段实战考试中，成绩合格者，可申请六段。

3.高段位

（1）凡获得六段 6 年以上，在考评中演练一套段位技术内容、一套特长项目，成绩合格，且在工作业绩、武术理论研究、科研论著中取得一定成就，武德高尚者，可申请晋升七段。

（2）凡获得七段 5 年以上，在工作业绩、武术理论研究、科研论著中取得突出成就，并对武术运动的发展做出较大贡献，武德高尚者，可申请晋升八段。

（3）凡获得八段 8 年以上，在工作业绩、武术科研论著、理论研究方面取得重大成就，并对武术运动的发展做出卓越贡献，影响极大，武德高尚者，可申请晋升九段。

以上条款中的"套路技术"，均可改换为"与本段位标准相当的个人特长套路"。

（四）等级说明

1.初段位

一段（青鹰）、二段（银鹰）、三段（金鹰），其徽标如图 1-6-1 所示。

图 1-6-1

2.中段位

四段（青虎）、五段（银虎）、六段（金虎），其徽标如图 1-6-2 所示。

图 1-6-2

3.高段位

七段（青龙）、八段（银龙）、九段（金龙），其徽标如图 1-6-3 所示。

图 1-6-3

第二章　武术散打对生理、心理的影响

第一节　武术散打对生理的影响

一、对运动系统的影响

　　散打训练包括拳法、腿法和摔法。拳法技术在散打运动中常用的有直拳、勾拳、摆拳等。腿法包括正蹬腿、侧踹腿、鞭腿等。摔法包括抱双腿前顶摔、抱双腿过胸摔、抱单腿拉腿摔、过背摔等。从拳法和腿法的种类和技术上可以看出，有直线型的，有曲线型的，摔法也有不同类型。因此，进行散打训练，无论是上肢还是下肢，都从不同角度得到了锻炼，肌肉和关节也比较全面地得到了锻炼。和普及世界的跆拳道健身相比，散打不但具有类似跆拳道的腿法练习，还具有独特的拳法和摔法，锻炼更全面，健身效果更好。长期坚持散打练习，骨密质增厚，使骨变粗，骨小梁的排列根据压力和拉力的不同更加整齐和有规律，骨表肌肉附着更结实。散打中的打手靶和打脚靶，可以使手和脚直接或间接地触靶，这样可以使骨变得更加粗壮和坚固，从而提高了骨的抗折、抗弯、抗压缩和抗扭转性能。

　　由于散打固有的特点，系统的练习，既可增大关节的稳固性，又可提高关节的灵活性。关节稳固性的加大，主要是因为练习增强了关节周围肌肉的力量，同时与关节囊和韧带的增厚也有密切关系。关节灵活性的提高，主要是因为专项柔韧练习，使关节囊、韧带和关节周围肌肉伸展性加大。人体的柔韧性提高了，肌肉活动的协调性加强了，有助于较快地掌握各种技术的要领和迅速提高运动员的技术水平，同时减少伤害事故。

　　散打运动具有较大的运动量和运动强度，经常练习可以使肌肉纤维变组，肌肉体积增大，因而肌肉显得发达、健壮、结实、匀称有力。长期坚持散打训练，使肌肉中的毛细血管形态结构发生变化，出现囊泡状，从而增加了肌肉的血液供应量，有利于肌肉持续长时间紧张的活动。散打有它独特的练习方法，训练比较全面，所以身体很多肌肉都能参加运动，为身体肌肉全面发展提供了基础。特别对于生长发育期的少年，散打运动是一项非常好的运动项目。少年时期骨头的有机成分多，无机成分少，骨头柔软，所以进行散打练习时间不宜过长，练习的手靶、脚靶和沙袋多用柔软的，否则容易使骨头变形，少量多次的散打训练对骨骼生长有好处；少年时期肌肉的发育不完全，容易疲劳，进行散打练习的时间不要太长，但是经常的少时间多次练习有利于肌肉的更好发育。青年时期肌肉发育完全，散打训练使肌肉发育更完全，肌肉更结实，无论在打靶、沙袋还是实战练习时都可以放开练习，但是量不要太大，否则就起不到健身的效果了。作为健身运动必须控制训练的运动量，运动量过大影响健康。

二、对神经系统的影响

　　散打是在一定的场地进行的斗智斗勇的对抗性项目。在实战或模拟训练中，队员根据场上变化不定的形式进行应对，能提高神经系统的灵敏性和应变性。在实战中，散打训练的拳法、腿法和摔法在场上需综合运用，根据场上的变化运用不同的技术方法和战术，其实就是思维灵活多变的过程，可锻炼人的随机应变能力。与其他运动项目对神经系统的影响相比，散打对神经系统的影响更大。比如田径中的慢跑，虽然也能提高神经系统的综合能力，但是慢跑对神经系统的影响多为被动。而散打是主动调节神经系统的兴奋性，更能提高神经系统的灵敏性、协调性和平衡性。

少年时期是神经系统发育的重要时期，在这个时期神经发育迅速，要想让神经系统发育得更好，散打就是一个很好的训练方法。青年时期神经系统接近发育完全，是神经灵敏性、兴奋性、活性最强的时候，在这个时期进行散打训练使神经系统更能完全地发育，可以进行较大强度的训练。中年时期，神经系统发育完全，并有开始衰老的迹象，在这个阶段要少量多次地训练。经常练习散打能使神经保持良好的兴奋性、均衡性和灵活性，为进入老年打下良好的健康基础。

长时间进行散打训练的人，其身体的灵敏性、爆发力和柔韧性指数，往往高于正常人，在训练中，要求训练者的大脑和身体必须保持高度协调性。而且和其他健身项目相比，散打健身比较注重实用性，运动量比较大，训练难度和训练要求也往往高于其他健身项目。和其他很多运动项目相比，散打练习更能全面地锻炼身体，保健效果更好。

三、对其他系统的影响

肺活量是青少年生长发育和健康水平的重要指标。经常参加散打锻炼，尤其是对一些拳法加强练习，可使呼吸肌力量增强，胸廓扩大，有利于肺组织的生长发育和肺的扩张，使肺活量增加。大量实验证实，经常参加体育锻炼的人，肺活量值高于一般人。经常进行散打锻炼，对呼吸系统有良好的影响，所以从事散打练习的人上呼吸道疾病大大减少，有慢性病的人经过锻炼后肺功能也可得到改善。

经常科学地坚持散打锻炼，对心血管的形态结构和功能也会产生良好的影响，可以使人的基础心率和运动心率均减慢，而心搏量增大。其原因是训练可引起中枢性迷走神经冲动加强，并伴随交感神经抑制机制提高，进而加强心脏对全身的血液供应。经过长期训练后，产生心脏体积增大、心肌血管分布增多、心肌收缩力量增强等一系列的变化。这样有利于心脏的健康，防止心脏疲劳，可减少心血管疾病（如血栓、心肌梗死等）的发生。经常参加散打练习还可以使免疫细胞（淋巴细胞、巨噬细胞和白细胞）和免疫分子增加。这样整个免疫系统的免疫能力就会提高，就能提高人体的免疫力，从而使身体健康，延缓衰老，防止患上疾病。

第二节　武术散打对心理的影响

一、散打对情绪的影响

现代社会给人们带来的各方面压力越来越多也越来越大，使人内心的消极情绪也无意识地积累和加重；散打练习能为这些压力产生的消极情绪提供一个有效发泄口，调节人的一些不健康情绪和心理。散打是对抗性体育项目，如果有愤怒和不满的情绪，可以通过打靶和沙袋发泄一下情绪，尤其遭受挫折后产生的冲动能被转移，这样不但能使身体在压力面前变得更坚强，而且还能避免造成因为愤怒和冲动的情绪而引起的过激行为和有可能造成的严重后果。

二、散打对精神意志的影响

散打训练，从开始的基本动作、基本技术练习，到条件实战以至全面实战的练习过程中，在每个阶段和每个层次都对人的意志品质具有不同程度的考验和锻炼。

艰苦、疲劳、激烈、竞争是散打运动的特点。初学散打时，要忍受拉韧带的痛苦；攻防练习时，要承受击打和抗击打的皮肉之苦；加量加强度时，要克服疲劳之苦；进行实战时，要克服胆怯、犹豫、紧张、冒失等不良心理反应。通过长期的散打训练，可以培养习者勇敢、顽强、坚毅、不怕苦、不怕累、敢于拼搏的精神，而且可以使人形成坚持不懈的作风，机智灵活、沉着果断的品质，还能使人保持积极向上的心态，养成礼让谦逊、宽厚待人的美德，造就热爱祖国、勇于献身的精神，为社会和国家练就具有优秀品质的现代建设者。

三、散打对自我认识的影响

散打训练可以让人从自我的发展过程慢慢提升到自我认识，使身体更强壮，灵活性和协调性更好，对自身的满意程度更高，增强自信心和自尊心，使自我的认识得到肯定。训练散打的对抗过程中，不但能使自己的社会价值得到认可，还能从中认识到自己在心理上的优点与缺点，从而让人不断修正自己的认识和行为，发挥潜能与长处，克服缺点、改正不足，正确对待成功与失败。

四、散打对行为协调和反应适度的影响

体育心理学指出行为协调是指人的行为是一贯的、统一的；反应适度指既不异常敏感，也不异常迟钝，刺激的强度与反应的强度之间有着相对稳定的关系。散打是中国的传统运动项目之一，教练在教授散打的同时总是会不断地把武德融入到训练与生活中去，使散打运动员在日常行为上有很强的自我调整能力。而散打实战是在规则的规范要求下进行的，每位运动员都会受到规则约束，因此散打运动对培养人良好的行为规范有着重要和积极的作用。

第三章　武术散打与其他搏击运动的对比

第一节　散打与跆拳道的对比

　　散打是中国武术在现代竞技体育模式下形成的一种新兴体育项目，是从传统技击武术中吸取了个别技法，综合拳击、跆拳道、摔跤等精华于一体而形成的一种适合竞技体育的对抗性项目，它虽然与中国传统武术存在一定的联系，但更接近国外各种格斗类项目，因此，中国散打与跆拳道存在必然的联系。

　　早期跆拳道的形成也借鉴中国武术的内容，可见中国传统武术是散打和跆拳道的开山鼻祖。但从技击内容上讲，散打是运用"踢"、"打"、"摔"；跆拳道则以腿法见长。虽然在散打比赛中，散打王柳海龙的"柳氏劈挂腿"运用的是与跆拳道极为相似的腿法动作，而在跆拳道技术风格的分类中也存在着"作风顽强、攻守得宜、自成一体"的散打型运动员，但仔细分析散打的技术结构我们不难发现较跆拳道而言，散打技术既存在显著的优势，同时也存在不足。具体表现在：首先，散打中上肢的训练体系较为先进，应用拳击的体系，再加上各种拳法、组合拳法、不断变化的灵活步伐的应用。因此无论是格挡闪躲还是攻击反击都有其独到之处，这方面散打不是弱点。其次，散打中大多采取上段和下段的鞭腿，优势就是速度快，打击力强。散打在对战中的各种摔法，尤其是面对跆拳道的时候散打以有效的鞭腿牵制加上接腿摔成为了散打的优势所在。最后，散打的抱摔是出名的，躯干部分的抗击打能力绝对不错，但是散打的腿部则是致命的弱点。由于在平时训练中，散打的鞭腿没有充分的机会硬碰硬，更多的是采取打空挡的战术，而跆拳道腿法的一大特点则是腿法灵活，并破坏对方的防守，具有极强的破坏性和威慑力。通过对散打与跆拳道技术上的对比，我们不难看出散打的锻炼效果是全方位的，由拳法、腿法、摔法再加上各种组合使身体得到全方位锻炼的目的和效果。而跆拳道就相对逊色一些。

　　从精神上分析散打和跆拳道，跆拳道尤胜一筹。散打与跆拳道在训练上没有太大的区别，但是内在的精神有所不同。在人们看来散打是一种技击术，只是为了健身防身的目的来练习散打，对散打的认识与体悟只停留在"术"的层面，而没有把它当做一种"道"来修炼。而跆拳道注重"身心合一"，不仅注重身体练习，更强调精神修养。散打运动更注重身体练习，以取胜为目的，忽视了对练习者的精神修养的引导。跆拳道就非常注重礼仪，"礼仪"是跆拳道必不可少而且十分重要的部分。要求练习跆拳道时要做到"以礼始，以礼终"。人们普遍反映"练习跆拳道的孩子懂礼貌"，可见跆拳道的教化作用。跆拳道就是用最初级的礼仪开始教化孩子，使其能从起初的礼仪，慢慢地变为精神上面的修养。而练习散打的过程中注重表现自我，抛开执着、偏见、束缚，达到心灵自由无羁的境界，所以跆拳道从礼仪上开始练习修养是值得散打运动去借鉴的。

　　散打作为脱胎于传统武术的一项竞技体育项目，它折射了民族传统文化思想，不仅要从传统武术中吸取精华，还要从传统文化的沃土中汲取营养。散打练习者不仅要通过练习散打达到健身防身的目的，还要以此为途径来深入了解博大精深的中华传统文化，通过推广散打运动来传播优秀的中国传统文化，使中国传统文化走向世界。

第二节　散打与拳击的对比

　　从健身角度分析，经常进行散打与拳击练习都能够提高人体的力量、速度、耐力、灵敏等身体素质，增强心血管系统、呼吸循环系统的功能，以及中枢神经系统的灵活性。所以经常进行散打与拳击的练习能使人的身心得到全面的锻炼，增强体质，提高健康水平。二者不但是比技术、比力量，更重要的是比智能，所以经常参加散打与拳击练习，不但能改善大脑的供血状况，使人保持清醒，还能使人的思维敏捷，应变能力提高，延缓大脑机能的衰变。

　　西方拳击更注重人体的外在表现，通过人的外部形体运动和肌肉活动塑造完美的身姿，特别是上肢和躯干。由于拳击对身体力量的要求都很标准，尤其是适宜的活动年限相对短暂，所以在健身养生上就失去了优势。

　　中国散打文化内涵超出了一般的体育概念，讲究天人合一、物我合一、内外合一，这种注重整体、注重和谐、自然统一的文化特征正与现代社会在生态意义上的健康意识相契合，这种现代式的健康思想将使中国散打在健身养生方面的潜能得到不可想象的开发。

　　散打运动紧张激烈，对抗性极强可使人强壮筋骨，提高关节的灵活性及肌肉的伸展性和收缩能力，提高人的速度、反应、灵敏力量和耐力素质，提高内脏器官的机能和人体神经系统的灵活性，增强人体的击打和抗击打能力。经常参加散打练习能使青少年生长发育健全，体型健美，姿态端正，动作矫健；使中年人身体健康，精力旺盛，益于延缓老化过程，健康长寿。从这几年的发展来看，中国竞技散打发展很快。随着竞技散打的开展，相信人们能更好地认识散打，进一步了解散打的健身功能。要想更好地把散打作为普通的运动保健项目还需要各方面的努力。相信中国传统武术的精华——散打会成为人们喜爱的保健运动项目。

第三节　散打与泰拳的对比

　　散打、泰拳都是结合了现代格斗与两国传统武术的搏击术，关于二者孰强孰弱的问题一直被争论不休，两国的对抗也是各有胜负。

　　首先，作为现代搏击术，就必须具备科学的发力方法以及先进的搏击理念。散打摒弃了传统武术的指法以及掌法，而且和泰拳一样借鉴了拳击的发力方法。简单的直、勾、摆，学起来也很简单，学习散打或是泰拳时都是从拳法开始入门的，而这三个动作学会了实用性也相当好，不管是在擂台或是街斗，拳法往往是决定胜负的关键。

　　散打中的腿法则和泰拳的区别很大，首先说正蹬。散打和泰拳的正蹬的区别主要是在着力点上，散打是以脚跟为受力点攻击对方，而泰拳则是脚背。散打中特有的侧踹也一直被不少人诟病，作为主动进攻的一种腿法，侧踹以其犀利的直线进攻在早期的散打比赛中被选手常用于擂台赛场上，当然这只存在于早期散打比赛中。因为侧踹的缺点也明显，预动太大，难以对对手进行有效的杀伤，而且很费体力，因此在现在的比赛特别是商业赛中，这种腿法也快被选手抛弃了。

散打鞭腿和泰式扫腿的区别。散打鞭腿首先是要提膝，然后再把小腿甩出去以脚背去踢打对方，鞭腿的含义也是指小腿像鞭子一样去攻击对手。而泰拳中的令人望而色变的扫踢则没有提膝的动作，直接把腿抡起来，小腿和大腿连成一体，到最高点了再转向扭胯。大多数泰拳手踢出的扫腿都是用胫骨攻击对方，这也是扫腿与鞭腿最大的不同。

散打、泰拳最大的不同在于练习者的搏击理念。一个是采取的得分制，一个则是采用的减分制，这也注定了二者在赛场上的风格不同。泰拳手在场上都是硬碰硬，泰拳格斗式的拳架要比散打的高，这也适合泰拳手的打法。泰拳手在场上前几局纯粹就是拼气势拼内功，在最后一局才会放开火力进攻。受传统散打打法的影响，散打选手的步法非常灵活，在赛场上更乐于通过刷分来赢取比赛。结果就是选手容易在前几局就耗尽体力，容易在比赛的最后关头因为体力不支而输掉比赛。因此散打选手在学习一段时间的泰拳后，打法也会硬朗许多，特别是在与泰拳选手对抗时依然不落下风。

散打一直都把摔法作为自己的传统优势，泰拳也有闻名于世的内围技法。尽管因为这摔法让目前的散打在国际赛场上处在一个很尴尬的位置，也有不少人喜欢拿散打的摔法去和职业摔跤进行比较。散打是把摔法（特别是中国传统武术的快摔理念）在擂台上运用得最好的，特别是在拳法、腿法与摔法的结合上，散打已经是做到极致了。膝、肘进攻再配合箍颈技巧则是泰拳的一大特色，这也是泰拳手能在国际赛场扬威的重要武器。在两人近身缠斗的情况下，膝、肘往往能一击制敌，也因为肘法的杀伤力巨大，不少赛事已禁止选手出肘打击对手。

散打的优势是技术全面，除了没有地面技，基本涵盖了搏击技术的所有方面。而且因为散打在中国开展得比较普及，在防身方面有一定优势。散打的劣势也很突出，因为在创立时就确定以得点方式开展比赛，散打不是很注重重击能力，特别是鞭腿的杀伤力远不如扫踢。

泰拳的优势在于杀伤力强于散打，扫踢、肘膝技术学好了对付一般人绰绰有余。劣势在于：首先，国内正规的泰拳馆很少，而且很多所谓的泰拳教练都是练散打后转的，从没有正式的学习过正统的泰拳技术；其次，泰拳的技术对身体条件，特别是骨骼硬度有很高要求，练习硬度是非常痛苦的，很多爱好者是难以坚持下去的；再次，泰拳的杀伤力较大，所以在实战训练中比较容易造成伤病，一些爱好者看到别人受伤或自己遭到重击后易产生畏惧心理；最后，泰拳的技术体系相对没有散打完善，没有摔法、地面技，速度也比散打要慢。如果以纯泰拳的技术跟散打对抗，如果没有在打击力度和抗击打方面占据优势很容易以点数输掉，而且膝盖的攻击非常容易被对手以摔法破解。

总之，散打与泰拳的优缺点总结如下：

泰拳优点：击打能力强、致命性强、抗打性强；

泰拳缺点：闪躲偏少，仅限拳腿的站立格斗。

散打优点：击打速度快、招式灵活（可打可摔）；

散打缺点：击打强度不够强、训练的抗打不够强。

第四章　散打基本技术教学

第一节　实战姿势

　　散打的实战姿势是进入对抗前的动作姿势，它不仅能使选手的身体处于强有力的状态，还有利于进攻、防守、转移乃至防护自己的要害部位不被对方攻击。实战姿势一般有左右两种，即左手左足在前、右手右足在后的"左势"，右手右足在前、左手左足在后的"右势"。

一、动作要领（以下动作均以左势为例）

　　（1）两足前后开立，左膝侧向前方，左足跟与右足尖之间的距离与肩同宽，左足尖内扣约 $30°$，整个足掌着地，右足跟稍稍跷起，两膝稍弯曲，身体重心稍稍偏后，如图 4-1-1 所示。

　　（2）下颌内收，头稍低，两肘自然下垂，屈臂抬起，拳与颌同高，前臂与上臂成 $100°$ 左右夹角，后手轻握拳，屈臂抬起，后手拳自然置于下颌外侧处，肘部下垂轻贴于右肋部，如图 4-1-2 所示。

图 4-1-1　　　　　　　　　图 4-1-2

二、注意事项

　　实战姿势应注意下列几点：

　　（1）呼吸自如，不要憋气，自然含胸收腹。

　　（2）肩、臂放松，为迷惑对手可有意识地晃动，也便于施展攻击力。

　　（3）腿部应随时作好进攻及防御对方的动作。

　　（4）保持良好的心理状态，在气势上要压倒对手，让对手感到惧怕。

第二节　步　法

散打的步法主要是为了配合进攻和防御动作，在实战中具有十分重要的作用。灵活多变的步法可以保持动态中的身体平衡与抢占有利的位置，以便一举击败对手。"步不稳则拳乱、步不快则拳慢"表明步法是决定技术发挥的关键，"练拳容易走步难"说明步法的学习与掌握是较难的。

一、基本步法（均以左式为例）

（一）前进步

前进步主要用于配合拳的攻击。前进步从实战姿势开始，上体保持平衡姿势，后脚蹬地，重心前移，前脚稍稍离地，以前脚掌向前滑出 30 厘米左右的距离，后脚随之跟进相同的距离，完成动作时的姿势与开始时相同。在进步过程中，身体的重心不要过分前倾或后仰。

（二）后退步

前脚蹬地，后脚先后退半步，前脚再回收半步。

（三）收步

左脚向后收步至右脚旁，脚掌点地，重心偏于右腿。

（四）撤步

左脚向后撤一步，脚跟离地，呈右脚在前、左脚在后。右脚脚尖外展，重心偏向右脚。

（五）上步

后脚经前脚前上一步，同时两臂前后交换，呈反架姿势。

（六）进步

基本动作同前进步，但要求前后两脚同时快速移动。

（七）退步

基本动作同后退步，但两脚要快速移动。

（八）插步

后腿经前腿后插一步，脚跟离地，两脚略呈交叉。

（九）垫步

后脚蹬地向前脚内侧并拢，同时前腿屈膝提起。

（十）纵步

单腿纵步：前腿屈膝上提，后脚连续蹬地向前移动。

双腿纵步：两脚同时蹬地，使身体向上或向前后左右移动。

（十一）闪步

左（右）脚向左（右）侧移半步，右（左）脚随之向左（右）滑步，同时身体向右（左）转动约 90°。

（十二）跳闪步

双脚同时蹬地跳起，快速轻盈地向前后、左右闪躲。

（十三）侧跨步

左（右）脚向左（右）侧跨半步，右（左）脚略向左（右）脚靠近，两膝弯曲。同时右拳向下方伸出，左拳回收至左腮旁。

（十四）换步

左脚与右脚同时蹬地并前后交换，同时两臂也前后交换呈反架姿势。

二、步法的练习

散打步法是攻防的基本要素，不同的步法在实战中有着不同的表现形式和功能，对实战的结果会产生很大的影响。由于实战中注意力主要集中在拳、腿的攻防上，所以在练习中对步法的理解、掌握和运用自如就非常重要和关键。步法的练习一定要熟、要精，这样才能给对手一种威胁，给自己一种保障。

（一）单步法重复练习

单步法重复练习是掌握步法最基本、最重要的方法之一。学生可充分调动主观能动性，反复多次地对某一步法进行练习，仔细体会技术动作的要领、运动路线等。

（二）多步法组合练习

组合练习是指各种不同的步法组合在一起进行练习，实战中攻防技术的实施主要是通过各种不同的步法运用和变化而实行的，而且使用的步法都是有意或无意地组合起来综合运用的，所以在掌握单步法练习的基础上要进行多步法的组合练习，只有熟练地运用各种步法组合才能在实战中发挥拳、腿的功效。

（三）步法攻防练习

步法的攻防练习是指两人一组，按照攻防的运动规律有针对性地进行练习，两人或攻或防，对空间和距离进行反复练习，使自己的动作更加快速灵活，进而达到进退自如的目的。

（四）结合技术进行步法练习

步法的目的主要是为攻防服务的，在两人进行条件实战时，有针对性地进行拳腿法与步法结合的练习，使步法能够根据实际情况的变化而改变，把攻击和反击的技术与步法紧密结合起来，做到在移动中进攻、在移动中防守，使步法的运用与拳法、腿法融为一体，形成进攻、防守、反击的有机连接技术，进而达到实战胜利的目的。

第三节　进攻技术

一、散打的拳法

散打的拳法由冲、掼、抄、鞭四种组成。冲拳又称直拳，掼拳又称摆拳，抄拳又称勾拳。拳法是散打中主要的进攻和防守反击的方法。

（一）拳法在实际运用中应遵守的原则

（1）随步进攻。在散打中用拳法攻击对手不但要靠上肢的延伸放长，而且要运用步法接近对手，因而用拳法攻击对手时要伴随步法的移动来稳定身体的重心，调整有效距离，发挥出整体用力的效果。

（2）出拳后，攻击臂的肩关节的垂直线不得超过自身前腿踝关节，以保持身体的稳定。

（3）出拳的力量应来自后脚的蹬地、转髋带动转肩、送臂出拳，在击中对手的瞬间产生制动。

（4）当出拳击中对方的一刹那，要突然握紧拳，击中对手后随即放松。拳的出击与回收应是一个完整的动作，应表现出其弹性。

（5）出拳收回后要迅速做好防守和再次进攻的准备。

（二）直拳

直拳是散打中最常用的拳法，是攻击对手的主要手段，其威力大、速度快、出点准，所以实战中利用率较高，效果也好。直拳分前后两种。

1. 前直拳

左脚微蹬地面，身体重心稍向前脚移动，同时腰髋略向后扭转，前拳直线向前出击，在击中目标的瞬间，拳头骤然握紧，力达拳面，拳心向下或拳眼向上，拳背与腕平，如图 4-3-1 和图 4-3-2 所示。

2. 后直拳

从实战姿势开始，后脚蹬地，并以前脚掌为轴向内扣转，随后合髋转腰压肩向正前方直线出拳，力达拳面。在出拳的同时前拳直线收回至下颊前方，肘部自然弯曲贴于肋部。出拳时应保持身体重心的平稳，同时要避免耸肩转体不到位以及出拳时下蹲的动作，如图 4-3-3 和图 4-3-4 所示。

图 4-3-1　　　　　　图 4-3-2　　　　　　图 4-3-3　　　　　　图 4-3-4

（三）摆拳

摆拳由于摆动幅度大，所以打击力量很大，也是散打中打击对手的主要手段之一。摆拳分前摆拳和后摆拳。

1. 前摆拳

如图 4-3-5 和图 4-3-6 所示，从实战姿势开始，上体微微向右扭转，同时前臂稍抬肘，内旋向前，臂微屈，拳心向下，后脚蹬地，重心前移，后拳自然护住右腮，力从腰部发出，上体绕身体纵轴向右转动助力，转至对方身体正中线时迅速制动。此时的出拳臂仍按从侧前方向正前方路线划动，最终又因髋部制动的合力牵制而制动，产生摆拳的力量。前摆拳是一种横向型进攻动作，可以结合身体姿势的高矮变化击打对方的侧面。上盘可击打太阳穴，中盘可击打腰肋部位。前摆拳是散打比赛得分的主要手段之一。

2. 后摆拳

如图4-3-7和图4-3-8所示，从实战姿势开始，以后脚的前掌为轴内扣，带动转髋，重心前移，合胯与摆击协调一致，击至身体正中线时迅速制动并回收。上臂和前臂的夹角应根据击打距离来进行调整确定。

摆拳是中距离的重拳，攻击力极强，效果好。但由于摆拳动作幅度大，容易暴露自身的空当，因而应把握好时机，并且在击打后迅速还原。

图4-3-5　　　　　　图4-3-6　　　　　　图4-3-7　　　　　　图4-3-8

（四）勾拳

勾拳在散打中属于近距离攻击的拳法，分为前勾拳和后勾拳两种。

1. 前勾拳

如图4-3-9和图4-3-10所示，从实战姿势开始，上体稍向左倾斜，重心略向下沉，前脚微屈，扣膝合胯，前手臂收回轻贴于肋部，前手臂置于左肋外侧，不要耸肩，上体右转，挺腹前送左髋，左拳从下向上方屈臂勾击，拳心向里，力达拳面，击至鼻尖时制动并快速回收。

2. 后勾拳

如图4-3-11和图4-3-12所示，从实战姿势开始，上体稍向后、向下转动，重心略低并合胯，后脚蹬地挺胯，微微向前、向上转动身体，随之后手臂根据所要击打的距离向前、向上出拳，拳心向内，重心前移，随着挺胯后的制动产生的惯性使出拳臂制动，力达拳

图4-3-9　　　　　　图4-3-10　　　　　　图4-3-11　　　　　　图4-3-12

面，与鼻尖同高。左拳护住腮前，用力要顺达，上下要协调一致。在实战中要敢于拼搏，主动接近对方，为运用勾拳创造最佳战机。

（五）鞭拳

鞭拳虽然在散打比赛中运用得不多，但不失为一种攻击力强、威力大、能出奇制胜的拳法。鞭拳是横向型进攻动作，因为惯性大，所以动作技术难度较大，只有训练有素的运动员才能在实战中运用。鞭拳分为左、右两种姿势。

1. 左鞭拳

如图4-3-13至图4-3-15所示，从实战姿势开始，重心前移，右脚上步落于左脚前并略内扣，身体左后转180°左右，然后左脚从后插上，身体继续向左、向后转动，同时以腰带动左臂从左侧横向出击，拳心向下，力达拳轮，右拳护于腮前。出击时动作要连贯，一气呵成，不要耸肩，要保持好平衡。出击后要及时还原。

图4-3-13 图4-3-14 图4-3-15

2. 右鞭拳

如图4-3-16至图4-3-18所示，从实战姿势开始，以左脚前掌为轴，身体向后转动180°，前臂收回贴于肋部，随即右脚从左脚后插步，同时以腰带动右臂护于腮前。整个动作要快速协调，保持好重心平稳，同时应掌握好最后出拳的高度和力点。

图4-3-16 图4-3-17 图4-3-18

二、散打的腿法

散打的腿法在实战中有举足轻重的地位。腿法机动灵活、变化多端、攻击力强，是中距离直接击打对手的方法。散打的腿法主要包括蹬、踹、鞭、勾、摆、扫、劈等技术。

（一）蹬腿

1. 前正蹬腿

如图4-3-19至图4-3-21所示，从实战姿势开始，重心微微向后移，前腿屈膝正面提起，膝尖向前并上勾，向前蹬出，后腿直立或微屈支撑，蹬出后，迅速还原。蹬击过程中，两臂自然下垂，护住两肋。

图4-3-19　　　　　　　图4-3-20　　　　　　　图4-3-21

2. 后正蹬腿

如图4-3-22至图4-3-24所示，从实战姿势开始，重心前移的同时，右腿屈膝提起，膝尖向前，脚尖上勾，随上体稍左转向前直线蹬出，力达脚跟，前腿直立或稍屈支撑。屈膝上提，膝关节要超过本人的腰部，出腿切忌往下踏；送胯出腿时，上体不要后仰得太多，要基本保持不变，以免减少打击力度。

图4-3-22　　　　　　　图4-3-23　　　　　　　图4-3-24

（二）侧踹腿

1. 前侧踹

如图4-3-25至图4-3-27所示，从实战姿势开始，重心微微后移，上体稍后转，同时左腿屈膝提起，脚尖勾起微向外翻出，小腿外摆，使脚掌正对攻击方向，迅速由屈到伸向前踹出，力量集中在全脚掌。此时前手放于踹出腿的大腿上方，后手置于腮前方。在侧踹过程中提膝、展髋、踹击的动作要快速连贯。在攻击对方头部或胸部目标时，上体应侧倾，注意保持身体的平稳。

图 4 - 3 - 25　　　　　　　图 4 - 3 - 26　　　　　　　图 4 - 3 - 27

2. 后侧踹

如图 4 - 3 - 28 至图 4 - 3 - 30 所示，从实战姿势开始，重心前移，前脚尖外摆，后脚蹬地，上身向左外侧转动，后腿屈膝摆腿，随即展髋，使脚掌正对攻击方向，然后迅速向前踹出，力达全脚掌。在做动作时要求速度快，整体动作一气呵成。在做完侧踹后，应迅速恢复原位，尽量避免给对方造成反击的机会。

图 4 - 3 - 28　　　　　　　图 4 - 3 - 29　　　　　　　图 4 - 3 - 30

（三）鞭腿

左鞭腿：如图 4 - 3 - 31 至图 4 - 3 - 33 所示，从实战姿势开始，重心移至右腿，左腿膝略屈，屈膝上抬，高过腰，上体后左腿侧转略倾，同时膝略内收，小腿略外翻，踝部放松，随即挺膝，使小腿从外向上、向前、向内弧形弹击，并使脚面绷平，使力达脚面或胫骨处，目视脚部，然后侧弹腿，下落还原成基本姿势。右鞭腿反之，如图 4 - 3 - 31 至图 4 - 3 - 36 所示。

要点：弹腿的膝部猛挺发力，但要借助拧腰切胯之力加大力度；弹腿时支撑腿膝伸直并以脚掌为轴，碾地，脚跟内收，上体不可过于倾斜。

图 4 - 3 - 31　　　　　　　图 4 - 3 - 32　　　　　　　图 4 - 3 - 33

图 4 - 3 - 34　　　　　　　图 4 - 3 - 35　　　　　　　图 4 - 3 - 36

(四) 勾腿

1. 左勾腿

如图 4 - 3 - 37 和图 4 - 3 - 38 所示，右腿弯曲，膝稍外展，上体稍右转，收腹合胯；左腿以大腿带动小腿，直腿向前、向右弧线擦地勾踢，挺膝勾脚，力达脚弓内侧。

易犯错误及其纠正方法：有预摆，幅度大，向前上方用力，脚踝放松。纠正时，做勾踢木桩或两人相互勾踢的配合练习，互相检查，体会动作运行路线、用力方向和力点。

2. 右勾腿

如图 4 - 3 - 39 和图 4 - 3 - 40 所示，重心移至左腿，左腿弯曲，左脚外展，身体左转180°，收腹合胯；右腿以大腿带动小腿，直腿向前、向左弧线擦地勾踢，挺膝勾脚并内扣，力达脚弓内侧。

图 4 - 3 - 37　　　　　图 4 - 3 - 38　　　　　图 4 - 3 - 39　　　　　图 4 - 3 - 40

易犯错误及其纠正方法：参考左勾腿。

（五）摆腿

1. 左摆腿

如图4-3-41和图4-3-42所示，前转身摆踢从实战姿势开始，重心向前移动，后脚向前上步到前脚前方，脚尖内扣，身体内转，重心移到上步脚，以上步脚的脚前掌为轴，另一脚蹬地向左转身。随着转身上身微微向左侧下合，右腿展胯抬腿向后、左、前、上横摆，脚面紧绷，力达足掌或足跟。

2. 右摆腿

如图4-3-43和图4-3-44所示，从实战姿势开始，重心前移，前臂收回，上体微微向右下侧合转，以前腿脚前掌为轴，后腿蹬地向右后转身。随着转体后腿展胯，大小腿伸直由下往上、由后向前横摆，脚背绷紧，力达脚掌和脚跟。摆踢腿至中心线后开始降弧，身体继续旋转至原来启动前的位置。

图4-3-41　　　　　图4-3-42　　　　　图4-3-43　　　　　图4-3-44

前后转身摆踢均不可收胯，都应完成挺胯翻膝转体摆腿的动作，上体与腿部应相对固定，上体不能低于腰部及过于后仰。腿的摆踢应为弧线运动，弧线的最高点应在预备姿势的正前方。收腿后，摆腿的脚应回收到支撑脚后面，恢复到预备姿势。

（六）扫腿

扫腿分为前后扫腿两种，多在对手拳势猛烈、硬打硬时运用，是一种低位的攻击腿法。这里以后扫腿为例进行介绍。

如图4-3-45至图4-3-48所示，从实战姿势开始，前腿屈膝全蹲，脚尖内扣，脚跟提起，以前脚掌为轴，上体向右后打转，两手在两腿之间。上动不停，扫腿超过正前方。扫腿完毕，即刻身体又回到实战姿势。

图4-3-45　　　　　图4-3-46　　　　　图4-3-47　　　　　图4-3-48

在进行扫腿时，俯身与转体后扫要快速连贯，扫腿后，要迅速恢复为站立姿势。在攻击时应注意自身的防护，同时要保持身体重心平稳。

（七）劈腿

如图 4 - 3 - 49 至图 4 - 3 - 52 所示，从实战姿势开始，右脚蹬地，重心前移至左脚。同时，右腿以髋关节为轴屈膝上提，两手握拳置于胸前；随即充分送髋，上提膝关节至胸部，右小腿以膝关节为轴向上伸直，将右腿直举于体前，右脚过头。然后放松向下以右脚后跟（或脚掌）为力点劈击，身体重心前移至右腿，身体要稍后仰来控制重心。击打后，右脚自然落下，成准备姿势。

图 4 - 3 - 49　　　　　图 4 - 3 - 50　　　　　图 4 - 3 - 51　　　　　图 4 - 3 - 52

易犯错误：起腿不够高，不够充分，重心不往高起；支撑腿没有积极配合身体向上和向前移动，"拖"在了后面；下劈时，没有控制好身体重心而使重心前压过多；上体过于后仰，使得下劈力量不足。

三、散打的摔法

散打的摔法不同于其他项目的摔法，其特点是突出一个"快"字，要在两秒钟内解决问题，不能无限制地抱揉在一起。由于散打选手要戴上拳套，几乎是无"把"可抓，无形中增加了摔的难度。但由于摔法是散打中明显得分的手段，因而逐渐被散打教练和运动员所重视。摔法不仅可有效地消耗对手的体力。同时还可给对手造成巨大的精神压力。

（一）基本贴身摔法

1. 抱腿前顶

动作要领：双方由实战姿势开始，上左步，身体下潜闪躲，然后两手抱对方双腿膝窝下部，两手用力回拉，同时用左肩前顶对方大腿根部或腹部，将对方摔倒，见图 4 - 3 - 53 和图 4 - 3 - 55。

图 4 - 3 - 53　　　　　图 4-3 - 54　　　　　图 4 - 3 - 55

易犯错误及其纠正方法：

（1）抱不住双腿。纠正时，注意下潜接近对手。

（2）摔不倒对手。纠正时，应强调两臂后拉与肩顶配合协调。

2．抱腿旋压

动作要领：右脚蹬地，上左步，身体下潜，重心移至左腿。同时左手抄抱对方大腿内侧，右手抱住对方小腿后，以左脚掌为轴，身体向右后方旋转，以右手提、左肩压的合力，将对方摔倒，见图 4-3-56 和图 4-3-57。

图 4-3-56　　　　图 4-3-57　　　　图 4-3-58　　　　图 4-3-59

易犯错误及其纠正方法：

（1）抱腿不紧。纠正时，注意强调以胸腹部贴紧对方腿部内侧。

（2）摔不倒对手。纠正时，应强调提、拉、顶与转腰配合一致。

3．抱腿搂腿

动作要领：上步，身体下潜闪躲，然后左手抱对方右后腰，屈肘；右手抱其左膝窝用力回拉，使对方的左腿离地；左腿抬起前伸，由前向后搂挂对方的支撑腿，同时用左肩向前顶靠对方肋部将其摔倒，见图 4-3-58 和图 4-3-59。

易犯错误及其纠正方法：

（1）抱腿不紧。纠正时，强调进身马上破坏对方的重心，抱起对方的前腿使其单腿支撑。

（2）摔不倒对方。纠正时，应强调搂腿、手拉和肩顶用力一致。

4．折腰搂腿

动作要领：下闪、两臂抱住对方腰部，右腿抬起，并以小腿由前向后搂挂对方左小腿，同时两手抱紧对方腰，上体前压其胸，使其后倒，见图 4-3-60 至图 4-3-62。

图 4-3-60　　　　　　图 4-3-61　　　　　　图 4-3-62

易犯错误及其纠正方法：

搂不倒对方。纠正时，强调抱腰要紧并向回拉，上体前倾压胸，和搂腿动作一致。

5. 压颈搂腿

动作要领：双腿被对方抱住后，立即俯身屈髋并向左转腰，以左手压推对方后颈部，右手向上搂托对方左膝关节，让对方向前翻滚倒地，见图 4-3-63 至图 4-3-65。

图 4-3-63　　　　　　　　　图 4-3-64　　　　　　　　　图 4-3-65

易犯错误及其纠正方法：

对手不能倒地。纠正时，强调下蹲要及时，压推颈与搂托膝要用力一致。

6. 夹颈打腿

动作要领：右手虚晃对方，右脚上步，并向左转体，左手迅速抓住对方右前臂，右臂从对方左臂穿过后屈臂夹抱对方颈部。左脚向后插半步与右脚平行，臀部抵住对方小腹，身体立即左转，同时用右小腿向后横打对方小腿外侧，将对方挑起摔倒，见图 4-3-66 和图 4-3-67。

图 4-3-66　　　　　　　　　　图 4-3-67

易犯错误及其纠正方法：

(1) 夹颈不牢固。纠正时，强调身体贴靠对方，屈臂夹颈并回拉。

(2) 摔不倒对方。纠正时，应强调打腿和转体协调一致。

（二）基本接招摔

1. 抱腰过背

动作要领：对方用左贯拳攻击头部时，立即向左闪身，左脚向前上半步，同时左臂由对方右腋下穿过，搂抱对方后腰；右手挂挡对方左拳后迅速夹握对方左前臂，然后身体右转，右脚向后插半步，双腿屈膝，臀部抵住对方小腹，继而两腿蹬伸，弓腰，头向右转，将对方背起后摔倒，见图4-3-68至图4-3-71。

图4-3-68　　　　　图4-3-69　　　　　图4-3-70　　　　　图4-3-71

易犯错误及其纠正方法：

摔不倒对方。纠正时，应强调上步、转身、屈膝、低头、弓腰、伸腿、转头动作快速连贯，用力完整、充分。

2. 夹颈过背

动作要领：对方用右贯拳攻击头部时，立即以左手挂挡对方右拳后迅速夹握对方右前臂，同时右臂由对方左肩穿过后，屈臂夹住对方颈部，右脚向后插半步与左脚平行，两腿屈膝，以臀部抵住对方小腹，然后身体左转，两腿蹬伸，弓腰，头向左转，将对方背起后摔倒，见图4-3-72至图4-3-74。

图4-3-72　　　　　　　图4-3-73　　　　　　　图4-3-74

易犯错误及其纠正方法：

（1）夹颈不牢。纠正时，应强调身体贴住对方，屈臂夹颈要夹紧。

（2）背不起对方。纠正时，应强调以背部横贴对方胸腹部，插步、转身、低头、弓腰、蹬伸要快速、协调、连贯。

3. 穿臂过背

动作要领：对方用右贯拳攻击头部时，立即向左闪身，同时左脚向前上半步，左手挂挡对方右拳后迅速夹握对方前臂，同时右臂从对方右臂下穿过并上挑至肩上，身体左转，左脚向后插半步屈膝，从臀抵住对方小腹，继而两腿蹬伸，弓腰，头向左转，将对方背起后摔倒，见图4-3-75至图4-3-77。

图 4 - 3 - 75　　　　　　　　图 4 - 3 - 76　　　　　　　图 4 - 3 - 77

易犯错误及其纠正方法：

（1）抱不住对方的右臂。纠正时，应强调插步转身要快，双手上下配合一致。

（2）两腿蹬伸不直。纠正时，应增加转身、屈膝和伸腿的辅助练习。

4. 接腿前切

动作要领：当对方以左踹腿或左鞭腿进攻时，立即以里抄抱其腿，抄抱起小腿后，左脚即向前上步，换右臂掀抱其小腿，以左前臂下端外侧为力点向前切压对方的胸部或面部，使其摔倒，见图 4 - 3 - 78 和图 4 - 3 - 79。

图 4 - 3 - 78　　　　　　　　　图 4 - 3 - 79

易犯错误及其纠正方法：

摔不倒对方。纠正时，应注意上步与前臂的切压和后手上掀相配合，充分破坏对方的重心，使其向后倒地。

5. 接腿下压

动作要领：当对方用左鞭腿进攻时，立即以里抄抱其腿，之后右腿立即向后撤步，上体右转，左手回拉，同时躯干前屈，用肩胸下压对方左腿内侧，将对方摔倒，见图 4 - 3 - 80 和图 4 - 3 - 81。

易犯错误及其纠正方法：

摔不倒对方。纠正时，应注意撤步转身、肩胸下压及右手上掀协调配合，充分破坏对方的重心，使对方后倒。

图 4 - 3 - 80　　　　　　　图 4 - 3 - 81

6. 接腿勾踢

动作要领：当对方用右鞭腿进攻肋部时，立即抢先进步，并向左转身，同时用右手臂抄抱其膝关节以上部位，左手搂抱对方小腿，随后用右手迅速向对方颈部下压，右脚勾踢对方支撑腿脚踝处，同时上体右转，右手回拉，将对方摔倒，见图 4 - 3 - 82、图 4 - 3 - 83。

图 4 - 3 - 82　　　　　　　图 4 - 3 - 83

易犯错误及其纠正方法：

勾踢不倒对方。纠正时，要求抱腿尽量向膝关节以上抄抱，压颈、勾踢、转腰动作要协调、快速、完整。

7. 接腿挂腿

动作要领：当对方用右腿进攻肋部时，立即以左腿抢先进步，用左手外抄抱其右小腿，右腿抬起前伸，用小腿由前向后搂挂其支撑腿，同时右手用力向前，向下推压其右肩，将其摔倒，见图 4 - 3 - 84 和图 4 - 3 - 85。

图 4 - 3 - 84　　　　　　　图 4 - 3 - 85

易犯错误及其纠正方法：

（1）抱腿不紧。纠正时，要求接抱腿时抄抱对方腿的膝关节以上部位，并使其贴近自己肋部，使其不能逃脱。

（2）摔不倒对方。纠正时，强调搂挂腿和右手推压抱腿上掀动作用力一致。

8. 接腿摇摔

动作要领：当对方用左侧踹腿或左蹬腿进攻时，立即用双手抄抱其脚踝处，然后两腿屈膝退步，用两手用力回拉，继而跨左步，上右步，双手由内向下、向左上方弧形摇荡，将对方摔倒，见图 4-3-86 和图 4-3-87。

图 4-3-86　　　　　　　　　　　　　图 4-3-87

易犯错误及其纠正方法：

摔不倒对方。纠正时，强调后拉借力与弧形摇荡协调一致，注意先破坏对方的身体重心后再摇摔，即先拉后摇。

9. 接腿上托

动作要领：当对方用左侧踹腿或左蹬腿进攻胸部时，立即用双手抄抱其脚踝处，然后双手屈臂向上方推托，将对方摔倒，见图 4-3-88 和图 4-3-89。

图 4-3-88　　　　　　　　　　　　　图 4-3-89

易犯错误及其纠正方法：

托推不倒对方。纠正时，注意托劲与推劲相配合，身体始终向前跟进，直至对方倒地。

10. 接脚别腿

动作要领：当对方用左鞭腿进攻时，立即用双手抄抱其腿，接着身体下潜上左步，右脚跟半步，继而左脚插在对方的支撑腿后面别腿，上体右转用胸臂下压对方前腿，将对方摔倒，见图 4-3-90 和图 4-3-91。

易犯错误及其纠正方法：

（1）抱不住腿。纠正时，强调掌握好抄抱腿的方法和时机。

（2）摔不倒对方。纠正时，要求别腿、转体、压腿衔接要快，用力要猛。

通过以上内容的解析，读者可掌握单个进攻技术动作环节，即散打攻防的基本手段。但要想在实战中克敌制胜，只掌握基本技术远远不够，还需要掌握步法、防守技术和组合技术。

图 4 - 3 - 90　　　　　　　　　　图 4 - 3 - 91

（三）倒地法

摔法是以摔倒对方，自己不被摔倒为特征的技术。学习摔法时，首先要学习倒地法，即自己倒地时免受伤害的自我保护方法。只有掌握了倒地法，才可避免摔痛和受伤，并能锻炼身体经受震动的能力和发展灵敏、协调等身体素质。倒地法具体包括前倒、后倒、侧倒、抢背、滚翻等。

1. 前倒

动作要领：身体由直立姿势前倒，两臂微屈，两手手指稍向内指。两手撑地后，迅速以屈臂的动作来缓冲落地的冲击力。在整个动作过程中要抬头、憋气，全身紧张用力，见图 4 - 3 - 92 和图 4 - 3 - 93。

2. 后倒

动作要领：在身体直立姿势的基础上，屈膝下蹲，两臂前摆，上体猛向后仰，同时起右脚（或左脚），挺腹、勾头、憋气，以臂、肩及背部着地，见图 4 - 3 - 94 和图 4 - 3 - 95。

图4 - 3 - 92　　　　　图 4 - 3 - 93　　　　　图 4 - 3 - 94　　　　图 4 - 3 - 95

3. 侧倒

动作要领：两脚分开，左（右）屈膝下蹲，然后闭气，上体向左（右）侧倒，左（右）前臂

内旋，在大腿外侧触地，左（右）手指朝内，手臂微曲，在体侧拍地，见图 4 - 3 - 96 和
图 4 - 3 - 97。

图 4 - 3 - 96　　　　　　　　　　　　　图 4 - 3 - 97

4. 前滚翻

动作要领：在身体直立姿势的基础上，屈膝下蹲，两手前摆撑地，弯腰、收头、团身，
以背、腰、臀、脚依次着地向前滚翻，迅速起立，见图 4 - 3 - 98 和图 4 - 3 - 99。

图 4 - 3 - 98　　　　　　　　　　　　　图 4 - 3 - 99

5. 后滚翻

动作要领：在身体直立姿势的基础上，屈膝下蹲，弯腰收头团身，借身体后仰和两手撑
力，按臀、背、脚的顺序依次着地，向后滚翻，迅速起立，见图 4 - 3 - 100 至图 4 - 3 - 102。

图 4 - 3 - 100　　　　　　　图 4 - 3 - 101　　　　　　　图 4 - 3 - 102

6. 抢背

动作要领：身体由直立姿势开始，左脚向前上步，身体左前弯腰收头，左脚蹬地，右腿
上摆，以右肩、背、腰、臀依次着地，向前团身滚翻，见图 4 - 3 - 103 至图 4 - 3 - 105。

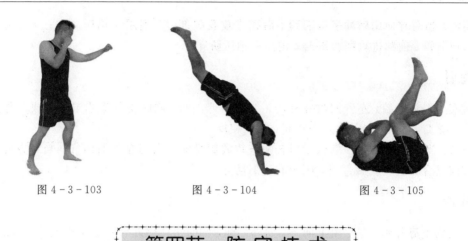

图 4 - 3 - 103　　　　　　图 4 - 3 - 104　　　　　　图 4 - 3 - 105

第四节　防 守 技 术

防守是因势因时使用动作，破坏对方进攻的手段。主要包括以下几个方面：

一、拍挡

由实战姿势开始，左手由外向内横击，同时上体微右转，完成动作后回原位，见图 4 - 4 - 1。右手方法相同，方向相反。

用法：当对方使用后冲拳或后蹬、后踹向我胸上部进攻时，用左拍挡防守；当对方使用前冲拳或前蹬、前踹向我胸上部进攻时，用右拍挡防守。

二、挂挡

由实战姿势开始，右手上提防于右耳廓，肘尖向前，同时上体微右转；完成动作后回原位，见图 4 - 4 - 2。左手方法相同，方向相反。

用法：当对方使用后掼拳或后里合腿进攻我头部左侧时，则用左挂挡防守。

三、拍压

由实战姿势开始，左手由上向下在腹前拍击，同时上体微右转；完成动作后回原位，见图 4 - 4 - 3。右手方法相同，方向相反。

图 4 - 4 - 1　　　　　　　图 4 - 4 - 2　　　　　　　图 4 - 4 - 3

用法：当对方使用后冲拳或后蹬、后踹进攻我腹部时，则用左拍压防守；当对方使用前冲拳或前蹬、前踹进攻我腹部时，则用右拍压防守。

四、掩肘

由实战姿势开始，左臂回收并外旋，上臂贴近左肋，同时上体微右转；完成动作后回原位，见图 4 - 4 - 4。右手的方法相同，方向相反。

用法：当对方使用后抄拳或后里合腿进攻我腹部时，则用左掩肘防守；当对方使用前抄拳或前里合腿进攻我腹部时，则用右掩肘防守。

五、外抄

由实战姿势开始，左手由上向下、向外划弧，同时上体微左转；完成动作后回原位，见图 4 - 4 - 5。右手的方法相同，方向相反。

用法：当对方使用后里合腿或转身前外摆腿进攻我胸上部时，则用左外抄防守；当对方使用前里合腿或转身后外摆腿进攻我胸上部时，则用右外抄防守。

六、内抄

由实战姿势开始，左手由上向外、向内划弧，同时上体微右转；完成动作后回原位，见图 4 - 4 - 6。右手的方法相同，方向相反。

用法：当对方使用前里合腿进攻我腹部时，则用左内抄防守；当对方使用后里合腿进攻我腹部时，则用右内抄防守。

图 4 - 4 - 4　　　　　　图 4 - 4 - 5　　　　　　图 4 - 4 - 6

七、外挂

由实战姿势开始，左手由上向下、向外格击，同时上体微右转；完成动作后回原位，见图 4 - 4 - 7。右手的方法相同，方向相反。

用法：当对方使用后蹬、后踹或后里合腿进攻我腹部时，则用左外挂防守；当对方使用前蹬、前踹或前里合腿进攻我腹部时，则用右外挂防守。

八、内挂

由实战姿势开始，左手由上向下、向内格击，同时上体微右转，完成动作后回原位，见

图 4-4-8。右手的方法相同，方向相反。

用法：当对方使用后蹬或后踹进攻我腹部时，用左内挂防守；当对方使用前蹬或前踹进攻我腹部时，则用右内挂防守。

九、撤步

由实战姿势开始，左脚向后退一大步，同时身体左转 180°；完成动作后回原位，见图 4-4-9。

用法：当对方使用任何拳法、腿法进攻我任何部位时，都可以用撤步进行防守。

图 4-4-7　　　　　　图 4-4-8　　　　　　图 4-4-9

十、下潜摇身

由实战姿势开始，两腿屈膝，沉胯；同时上体由上向内、向下、向外摇身；完成动作后回原位。向右下潜摇身，方法相同，方向相反。

用法：当对方使用后掼拳进攻我头部时，则用左下潜摇身防守；当对方使用前掼拳进攻我头部时，则用右下潜摇身防守，见图 4-4-10 和图 4-4-11。

十一、提膝

由实战姿势开始，重心移至右腿，同时左腿屈膝提起。

用法：当对方使用前、后里合腿或侧弹腿进攻我下盘时，可用提膝防守，见图 4-4-12。

图 4-4-10　　　　　　图 4-4-11　　　　　　图4-4-12

第五节　防守反击

散打防守反击技术是一种复合技术，它是由防守与进攻技术组合而成的。其形式有三种：一是先防守后反击；二是防守的同时施以反击；三是以攻代防。

反击技术运用得成功与否，除正确、熟练地掌握防守与进攻技术，使其达到自动化程度外，还需把握防守反击的时机和培养防守反击的意识。

散打防守反击中的主要技术还包括接住对方进攻性的各种拳法和腿法之后运用的快摔法。主要有以下技术要求：

一、借势

借势是指在运用散打中的各种摔法时，在对手重心不稳，身体将要失去平衡时，稍加力量将其摔倒。借势的关键是掌握好时机。一般来说，对手在动作发力的瞬间一旦落空后，身体就会处于失衡状态，如果能在此时顺其失衡的同侧方位稍加外力，效果极佳；或在对手发力时顺其发力的方向稍加外力，也会收到事半功倍的效果。

二、掀底

掀底是指采用接腿摔法时，为破坏对方的支撑点而采取的掀、拉、摇、托等方法将对方摔倒。如果对方下肢柔韧性较差，我方用掀底动作，效果较好。

三、别根

别根是指通过运用自己身体的某一肢体绞绊对方支撑重心的肢体根部，达到摔倒对方的目的。如抱腿别腿、抱腿勾踢等摔法，正是运用了别根技法，才使摔法更加省力和巧妙。

四、靠身

靠身是指通过身体向前的动作将对方摔倒，如在运用抱腿和搂腿的技法时，必须配合身体向前的动作挤靠对方，效果才会更好。

虽然散打的摔法很多，而且不同的方法有着不同的技术要领，但在实战中，如能结合运用借势、掀底、别根、靠身等动作，可以更加突出散打摔法快速、巧妙的技术特点。

第六节　组合动作

一、拳法组合

左右冲拳，如图 4-6-1 至图 4-6-3 所示。
左右掼拳，如图 4-6-4 和图 4-6-5 所示。
左右抄拳，如图 4-6-6 和图 4-6-7 所示。

左冲右掼拳，如图 4 - 6 - 8 和图 4 - 6 - 9 所示。
左掼右冲拳，如图 4 - 6 - 10 和图 4 - 6 - 11 所示。
左掼右抄拳，如图 4 - 6 - 12 和图 4 - 6 - 13 所示。
左冲右鞭拳，如图 4 - 6 - 14 至图 4 - 6 - 16 所示。

图 4 - 6 - 1　　　　　图 4 - 6 - 2　　　　　图 4 - 6 - 3

图 4 - 6 - 4　　　图 4 - 6 - 5　　　图 4 - 6 - 6　　　图 4 - 6 - 7

图 4 - 6 - 8　　　图 4 - 6 - 9　　　图 4 - 6 - 10　　　图 4 - 6 - 11

图 4 - 6 - 12　　图 4 - 6 - 13　　　图 4 - 6 - 14　　图 4 - 6 - 15　　图 4 - 6 - 16

二、腿法组合

左右蹬腿，如图 4 - 6 - 17 至图 4 - 6 - 19 所示。
左右踹腿，如图 4 - 6 - 20 和图 4 - 6 - 21 所示。
左右鞭腿，如图 4 - 6 - 22 和图 4 - 6 - 23 所示。
左蹬右踹腿，如图 4 - 6 - 24 和图 4 - 6 - 25 所示。
左踹右鞭腿，如图 4 - 6 - 26 和图 4 - 6 - 27 所示。
左鞭右蹬腿，如图 4 - 6 - 28 和图 4 - 6 - 29 所示。
左踹右摆腿，如图 4 - 6 - 30 至图 4 - 6 - 32 所示。

图 4 - 6 - 17　　　　图 4 - 6 - 18　　　　图 4 - 6 - 19　　　　图 4 - 6 - 20

图 4 - 6 - 21　　　　图 4 - 6 - 22　　　　图 4 - 6 - 23　　　　图 4 - 6 - 24

图 4 - 6 - 25　　　　图 4 - 6 - 26　　　　图 4 - 6 - 27　　　　图 4 - 6 - 28

图 4 - 6 - 29　　　　图 4 - 6 - 30　　　　图 4 - 6 - 31　　　　图 4 - 6 - 32

三、拳腿组合

左右冲拳接右鞭腿，如图 4 - 6 - 33 至图 4 - 6 - 35 所示。
左蹬腿接左右冲拳，如图 4 - 6 - 36 至图 4 - 6 - 38 所示。
左鞭腿接左冲右掼拳，如图 4 - 6 - 39 至图 4 - 6 - 41 所示。
左掼拳右冲拳接右踹腿，如图 4 - 6 - 42 至图 4 - 6 - 44 所示。
左冲拳接左踹右鞭腿，如图 4 - 6 - 45 至图 4 - 6 - 47 所示。
左冲拳右掼拳接右蹬腿，如图 4 - 6 - 48 至图 4 - 6 - 50 所示。

图 4 - 6 - 33　　　　图 4 - 6 - 34　　　　图 4 - 6 - 35　　　　图 4 - 6 - 36

图 4 - 6 - 37　　　　图 4 - 6 - 38　　　　图 4 - 6 - 39　　　　图 4 - 6 - 40

图 4 - 6 - 41　　　　图 4 - 6 - 42　　　　图 4 - 6 - 43　　　　图 4 - 6 - 44

图 4 - 6 - 45　　　　　　图 4 - 6 - 46　　　　　　图 4 - 6 - 47

图 4 - 6 - 48　　　　　　图 4 - 6 - 49　　　　　　图 4 - 6 - 50

四、拳摔组合

左冲拳接抱腿前顶，如图 4 - 6 - 51 至图 4 - 6 - 53 所示。

左掼拳接抱腿旋压，如图 4 - 6 - 54 至图 4 - 6 - 56 所示。

左冲拳右掼拳接抱腿搂腿，如图 4 - 6 - 57 至图 4 - 6 - 59 所示。

左冲拳接夹颈过背，如图 4 - 6 - 60 至图 4 - 6 - 62 所示。

左掼拳接夹颈打腿，如图 4 - 6 - 63 至图 4 - 6 - 65 所示。

左右冲拳接抱腰搂腿，如图 4 - 6 - 66 至图 4 - 6 - 68 所示。

图 4 - 6 - 51　　　　　　图 4 - 6 - 52　　　　　　图 4 - 6 - 53

图 4 - 6 - 54　　　　　　图 4 - 6 - 55　　　　　　图 4 - 6 - 56

图 4 - 6 - 57　　　图 4 - 6 - 58　　　图 4 - 6 - 59　　　图 4 - 6 - 60

图 4 - 6 - 61　　　　图 4 - 6 - 62　　　　图 4 - 6 - 63　　　　图 4 - 6 - 64

图 4 - 6 - 65　　　　图 4 - 6 - 66　　　　图 4 - 6 - 67　　　　图 4 - 6 - 68

第七节　散打应用型技术

一、主动进攻型技术

主动进攻型技术，是指实战双方处在无效距离的对峙中，一方因时因势地突然通过快速的步伐移动抢占有效的距离后，而运用的最合理的攻击方法。主要用于两种情况：

（1）根据强攻、抢攻的战术，出其不意，攻其不备，直取空档，在精神气质和动作气势上压倒对方；

对于防守紧密、沉着应战、反应较快的对手而采取的战术打法，做到指上打下、声东击西、以假护真，达到转移进攻的目的。

（2）但无论是强攻、抢攻，还是巧攻，都是进攻型技术中既有区别又有统一的整体，所以在实战中，只有做到虚实相生，才能随机应付复杂多变的状况，从而取得胜利。当然，进攻型技术不能局限于以下介绍的这些，也可根据自己身体的特点和习惯来组编，这样既有利于全面系统地运用技术，也有利于自己独特的打法，以便掌握比赛的主动权。下面介绍几种常用主动进攻型技术方法：

（一）进步左冲拳

动作说明：双方由实战姿势开始，一方以进步左冲拳击打对方的头部，见图 4 - 7 - 1。

进攻意图：除单一的进攻技术外，也可以连接组合技术。以下介绍几种与进步左冲拳连接的常用组合方法：

左冲拳—右冲拳。以进步左冲拳击打或虚晃（以下均同）对方头部，随后快速以右冲拳击打对方腹部，见图 4 - 7 - 2 和图 4 - 7 - 3。

图 4 - 7 - 1

左冲拳—左踹腿。以进步左冲拳击打对方头部，随后垫步以左踹腿攻击对方腹部，见图 4 - 7 - 4 和图 4 - 7 - 5。

左冲拳—右鞭腿。以进步左冲拳击打对方头部，随后直接以右鞭腿攻击对方肋骨或背部，见图 4 - 7 - 6 和图 4 - 7 - 6。

左冲拳—抱腿前顶摔。以进步左冲拳击打对方头部，随后快速上步抱住对方双腿，以抱腿前顶摔法将对方摔倒，见图 4 - 7 - 8 至图 4 - 7 - 10。

左冲拳—抱腰过背摔。以进步左冲拳击打对方头部，随后右脚插步，同时左臂抄抱对方腰部，以抱腰过背摔将对方摔倒，见图 4 - 7 - 11 至图 4 - 7 - 13。

图 4 - 7 - 2　　　　　　　　　　图 4 - 7 - 3　　　　　　　　　　图 4 - 7 - 4

图 4 - 7 - 5　　　　　　　　　　图 4 - 7 - 6　　　　　　　　　　图 4 - 7 - 7

图 4 - 7 - 8　　　　　　　　　　图 4 - 7 - 9　　　　　　　　　　图 4 - 7 - 10

图 4 - 7 - 11　　　　　　　　　　图 4 - 7 - 12　　　　　　　　　　图 4 - 7 - 13

（二）进步左掼拳

动作说明：双方由实战姿势开始，一方以进步左掼拳击打对方的头部侧面，见图 4-7-14。

图 4-7-14

进攻意图：除单一的进攻技术外，也可以连接组合技术。以下介绍几种与进步左掼拳连接的常用组合方法：

左掼拳—右冲拳。以进步左掼拳击打或虚晃（以下均同）对方头部，随后快速以右冲拳击打对方头或腹部，见图 4-7-15 和图 4-7-16。

左掼拳—左蹬腿。以进步左掼拳击打对方头部，快速以左蹬腿攻击对方腹部，见图 4-7-17 和图 4-7-18。

左掼拳—右鞭拳。以进步左掼拳击打对方头部，随后插步转身以右鞭拳攻击对方头、面部，见图 4-7-19 和图 4-7-20。

左掼拳—左踹腿。以进步左掼拳击打对方头部，快速以左踹腿攻击对方腹部，见图 4-7-21 和图 4-7-22。

左掼拳—右勾腿。以进步左掼拳击打对方头部，随后左脚外展，右脚勾踢对方前小腿下方，见图 4-7-23 和图 4-7-24。

左掼拳—右摆腿。以进步左掼拳击打对方头部，随后右转身，以右摆腿攻击对方，见图 4-7-25 和图 4-7-26。

图 4-7-15　　　　　　　　图 4-7-16　　　　　　　　图 4-7-17

图 4-7-18　　　　　　　　图 4-7-19　　　　　　　　图 4-7-20

图 4-7-21　　　　　　　图 4-7-22　　　　　　　图 4-7-23

图 4-7-24　　　　　　　图 4-7-25　　　　　　　图 4-7-26

(三) 垫步左鞭腿

动作说明：双方由实战姿势开始，一方以垫步左鞭腿击打对方的腿或腹部，见图 4-7-27。

图 4-7-27

进攻意图：除单一的进攻技术外，也可以连接组合技术。以下介绍几种与垫步左鞭腿连接的常用组合方法：

左鞭腿——左踹腿。以垫步左鞭腿击打或虚晃（以下均同）对方腿部，落地后再以左踹腿攻击对方胸或头部，见图 4-7-28 至图 4-7-30。

左鞭腿——左右冲拳——左踹腿。以垫步左鞭腿击打对方腿部，接左右冲拳连击对方头部，再以左踹腿攻击对方胸或头部，见图 4-7-31 至图 4-7-34。

左鞭腿——左冲拳——右鞭腿。以垫步左鞭腿击打对方腿部，接左冲拳攻击对方头部，随即以右鞭腿攻击对方肋骨，见图 4-7-35 至图 4-7-37。

左鞭腿——右掼拳——右踹腿。以垫步左鞭腿击打对方腿部，接右掼拳攻击对方头部，随即以右踹腿攻击对方胸或头部，见图 4-7-38 至图 4-7-40。

左鞭腿——右冲拳——左踹腿。以垫步左鞭腿击打对方腿部，接右冲拳攻击对方头部，随即以左踹腿攻击对方腹部或头部，见图 4-7-41 至图 4-7-43。

图 4-7-28　　　　　　　　　图 4-7-29　　　　　　　　　图 4-7-30

图 4-7-31　　　　　　　　　图 4-7-32　　　　　　　　　图 4-7-33

图 4-7-34　　　　　　　　　图 4-7-35　　　　　　　　　图 4-7-36

图 4-7-37　　　　　　　　　图 4-7-38　　　　　　　　　图 4-7-39

图 4-7-40　　　　　　　　　图 4-7-41

图 4 - 7 - 42　　　　　　　　　　图 4 - 7 - 43

（四）垫步左踹腿

动作说明：双方由实战姿势开始，一方以垫步左踹腿击打对方的胸腹部，见图4 - 7 - 44。

进攻意图：除单一的进攻技术外，也可以连接组合技术。以下介绍几种与垫步左踹腿连接的常用组合方法：

图 4 - 7 - 44

左踹腿——左右冲拳。以垫步左踹腿击打或虚晃（以下均同）对方腹部，接左右冲拳连击对方头部，见图 4 - 7 - 45 至图 4 - 7 - 47。

左踹腿——右踹腿。以垫步左踹腿击打对方腹部，随后左脚落地，接右踹腿攻击对方胸头部，见图 4 - 7 - 48 和图 4 - 7 - 49。

左踹腿——左冲拳——右鞭腿。以垫步左踹腿击打对方腹部，接左冲拳击打对方头部，再以右鞭腿攻击对方肋骨，见图 4 - 7 - 50 至图 4 - 7 - 52。

左踹腿——左右冲拳——右蹬腿。以垫步左踹腿击打对方腹部，接左右冲拳击打对方头部，再以右蹬腿攻击对方胸或头部，见图 4 - 7 - 53 至图 4 - 7 - 56。

左踹腿——右冲拳——左踹腿。以垫步左踹腿击打对方腹部，接右冲拳击打对方头部，再以左踹腿攻击对方胸或头部，见图 4 - 7 - 57 至图 4 - 7 - 59。

图 4 - 7 - 45　　　　　　　图 4 - 7 - 46　　　　　　　图 4 - 7 - 47

图 4 - 7 - 48　　　　　　　图 4 - 7 - 49　　　　　　　图 4 - 7 - 50

图 4 - 7 - 51　　　　　　　图 4 - 7 - 52　　　　　　　图 4 - 7 - 53

图 4 - 7 - 54　　　　　　　图 4 - 7 - 55　　　　　　　图 4 - 7 - 56

图 4 - 7 - 57　　　　　　　图 4 - 7 - 58　　　　　　　图 4 - 7 - 59

二、防守反击型技术

防守反击型技术是指在实战中一方突然发起抢攻(含假动作)时，另一方能及时有效地进行有效攻防反击的方法。

在练习和实战中根据双方的不同情况，以合理多变的技术动作进行反击。此外，防守后的反击动作可以是单一的动作也可以是组合动作，对于组合动作的反击，可以衔接前面介绍过的组合动作，这里不再重复介绍，下面介绍几种常用的防守反击型技术方法：

（一）下躲闪左冲拳

动作说明：双方由实战姿势开始，当对方使用直线拳法进攻时，本方迅速向下躲闪防守，同时以左冲拳反击，见图 4 - 7 - 60。

图 4 - 7 - 60

（二）拍压右冲拳（右掼拳）

动作说明：当对方使用左踹腿进攻中盘时，本方以左拍压防守后，立即以右冲拳或右掼拳攻击对方头部，见图 4 - 7 - 61 和图 4 - 7 - 62。

图 4 - 7 - 61　　　　　　　　　　图 4 - 7 - 62

（三）挂挡左冲拳（左掼拳）

动作说明：当对方使用左掼拳进攻时，本方以右挂挡防守后，立即以左冲拳或左掼拳反击对方面部，见图 4 - 7 - 63 和图 4 - 7 - 64。（如对方以右手拳进攻，则以左手防守，右手反击。）

图 4 - 7 - 63　　　　　　　　　　图 4 - 7 - 64

（四）拍挡左鞭腿

动作说明：当对方使用右踹腿进攻时，本方以左拍挡防守后，立即以左鞭腿反击对方大腿后部，见图 4-7-65 和图 4-7-66。

图 4-7-65　　　　　　　　　　图 4-7-66

（五）外截（收步——迈步）右鞭腿

动作说明：当对方使用左踹腿进攻时，本方左脚即刻收步和左手外截防守后，左脚立即向前迈步以右鞭腿反击，见图 4-7-67 和图 4-7-68。

图 4-7-67　　　　　　　　　　图 4-7-68

（六）换步左鞭腿

动作说明：当对方使用前鞭腿进攻时，本方立即换步防守，随后以左鞭腿（后腿）反击，见图 4-7-67 和图 4-7-70。

图 4-7-69　　　　　　　　　　图 4-7-70

（七）接腿摔

动作说明：当对方使用前鞭腿进攻时，本方立即抄抱对方前腿，随后以左手按压对方颈部，以左脚勾踢对方小腿，见图4-7-71和图4-7-72。（对方如以右鞭腿进攻时，则防守反击动作相同，但方向相反。）

图4-7-71　　　　　　　　　　　图4-7-72

注：如对方以其他腿法进攻时，本方可以采用教材中介绍的相应的接腿摔法进行反击，在此不作重复介绍。

第八节　散打击靶技术

一、拳法靶位和击打方法

（一）手靶靶位

手靶靶位根据不同拳法击打的位置，一般分为正靶（用于冲拳）、侧靶（用于掼拳）、按靶（用于抄拳）三种。

正靶：手臂上举，与下巴同高，手心向前持靶，见图4-8-1。

侧靶：手臂上举，与下巴同高，手心向内侧持靶，见图4-8-2。

按靶：手臂上举，与胸腹同高，手心向下持靶，见图4-8-3。

图4-8-1　　　　　　图4-8-2　　　　　　图4-8-3

（二）拳法基本技术击靶

1. 冲拳击靶，如图4-8-4和图4-8-5所示。

　　　　　图 4 - 8 - 4　　　　　　　　　　　　　图 4 - 8 - 5

　　2. 掼拳击靶，如图 4 - 8 - 6 和图 4 - 8 - 7 所示。

　　　　　图 4 - 8 - 6　　　　　　　　　　　　　图 4 - 8 - 7

　　3. 抄拳击靶，如图 4 - 8 - 8 和图 4 - 8 - 9 所示。

　　　　　图 4 - 8 - 8　　　　　　　　　　　　　图 4 - 8 - 9

二、腿法靶位和击打方法

（一）脚靶靶位

　　脚靶靶位根据不同的腿法击打的位置，一般分为正靶（用于冲拳、踹腿、蹬腿等）、侧靶（用于掼拳、踹腿、转身摆腿等）、抱靶（用于踹腿、蹬腿等）、并靶等。

　　正靶：手心向前持靶，高于胸齐，如图 4 - 8 - 10 所示。

　　侧靶：手心向内侧持靶，高于胸齐，如图 4 - 8 - 11 所示。

　　抱靶：前手心向前，高于胸齐，后手心向前横向持靶，放于前手肘关节处，如图 4 - 8 - 12 所示。

图 4 - 8 - 10　　　　　　　图 4 - 8 - 11　　　　　　　图 4 - 8 - 12

(二) 腿法基本技术击靶

1. 踹腿击靶，如图 4 - 8 - 13 和图 4 - 8 - 14 所示。

图 4 - 8 - 13　　　　　　　　　　　　图 4 - 8 - 14

2. 鞭腿击靶，如图 4 - 8 - 15 至图 4 - 8 - 18 所示。

图 4 - 8 - 15　　　　　　　　　　　　图 4 - 8 - 16

图 4 - 8 - 17　　　　　　　　　　　　图 4 - 8 - 18

3. 蹬腿击靶，如图 4 - 8 - 19 和图 4 - 8 - 20 所示。

图 4 - 8 - 19   图 4 - 8 - 20

三、沙袋击打方法

（一）冲拳击靶，如图 4 - 8 - 21 和图 4 - 8 - 22 所示。

图 4 - 8 - 21   图 4 - 8 - 22

（二）掼拳击靶，如图 4 - 8 - 23 和图 4 - 8 - 24 所示。

图 4 - 8 - 23   图 4 - 8 - 24

（三）抄拳击靶，如图 4 - 8 - 25 和图 4 - 8 - 26 所示。

图 4 - 8 - 25   图 4 - 8 - 26

（四）踹腿击靶，如图 4 - 8 - 27 和图 4 - 8 - 28 所示。

图 4 - 8 - 27　　　　　　　　　　　图 4 - 8 - 28

（五）鞭腿击靶，如图 4 - 8 - 29 和图 4 - 8 - 30 所示。

图 4 - 8 - 29　　　　　　　　　　　图 4 - 8 - 30

（六）蹬腿击靶，如图 4 - 8 - 31 和图 4 - 8 - 32 所示。

图 4 - 8 - 31　　　　　　　　　　　图 4 - 8 - 32

第九节　基本功练习

　　武术散打基本功是练习武术散打必备的身体活动能力、技术技巧能力以及心理素质基础。基本功训练时，有一系列专门的综合练习人体内、外各部位功能的方法和手段，这些方法和手段突出了武术运动的专项要求，具有鲜明的内外兼修的运动特点。基本功包括腿功、腰功、肩功和桩功等主要内容。腿功是表现腿部的柔韧性、灵活性和力量的功夫；腰功是表现腰部灵活性、协调控制上下肢运动的能力和身法技巧的功夫；肩功是表现肩关节柔韧性、活动范围的大小以及力量等方面的功夫；桩功是表现腿部力量和呼吸内息的功夫。

一、腿功

（一）正压腿

面对一定高度的物体，左脚跟放在物体上，脚尖勾起，两腿伸直，两手扶按在左膝上，或用两手抓握左脚，然后上体立腰向前下方振压，用头顶尽量触及脚尖。两腿交替进行。如图 4-9-1 所示。

学练要点：两腿伸直，立腰挺胸前压。

（二）侧压腿

右腿支撑站立，左脚从体侧放置到一定高度的物体上，脚尖勾起，右臂上举，左掌立于胸前，两腿伸直，腰部挺立，上体向左侧下振压，振压幅度要逐渐加大，直到上体能侧倒在左腿上。两腿交替进行。如图 4-9-2 所示。

学练要点：两腿伸直，开髋立腰挺胸，上体完全侧倒。

（三）后压

背对一定高度的物体，两手叉腰，右腿支撑站立，左腿后伸，脚背放到物体上，两腿伸直，上体向后下振压，并逐渐增大振压幅度。两腿交替进行，如图 4-9-3 所示。

学练要点：两腿伸直，立腰挺胸，头随上体后仰。

图 4-9-1　　　　　　　　图 4-9-2　　　　　　　　图 4-9-3

（四）仆步压腿

右腿屈膝全蹲，全脚着地；左腿向左侧伸直，脚尖内扣；两手分别抓住两脚脚背，成左仆步；腰部挺直，左转前压。左右仆步交替进行，如图 4-9-4 所示。

学练要点：直腰抬头，一腿全蹲，另一腿伸直，两脚压紧地面。

（五）虚步压腿

并步站立，一腿屈膝支撑，另一腿向前伸直；脚跟触地，脚尖勾紧上翘；上体前俯，右手握紧左脚内侧，两臂屈肘，两手用力后拉。用前额或下颚尽量触及脚尖；稍停片刻，然后上体直起，略放松，两腿交替进行。如图 4-9-5 所示。

图 4-9-4　　　　　　　　　　　图 4-9-5

学练要点：后腿支撑一定要直，不能弯曲。

（六）竖叉

两腿伸直前后叉开成直线。左腿后侧着地，脚尖上翘；右腿前侧着地，脚背扣在地上，两臂立掌侧平举。两腿交替进行，如图 4-9-6 所示。

学练要点：立腰挺胸，沉髋挺膝。

（七）劈横叉

两腿伸直向左右两侧叉开下坐成直线，两腿内侧着地，如图 4-9-7 所示，两臂立掌侧平举。

图 4-9-6　　　　　　　　　　　图 4-9-7

学练要点：髋关节完全打开，立腰挺胸。

二、腰功

（一）前俯腰

并步站立，两手十指并拢，直臂上举，手心向上；上体前俯，挺胸，塌腰，两手尽力触地。两手松开，用两手绕过双腿，抱住两脚跟部，尽量使自己的上体、脸部贴紧双腿，如图 4-9-8 至图 4-9-10 所示。

学练要点：两腿挺膝伸直，上体前俯时，挺胸、塌腰、收髋。

图 4-9-8　　　　　　　　图 4-9-9　　　　　　　　图 4-9-10

（二）甩腰

开步站立，两臂伸直前举，以腰为轴，上体做前后屈和甩腰动作，两臂也随之甩动，如图 4-9-11 和图 4-9-12 所示。

图 4 - 9 - 11   图 4 - 9 - 12

学练要点：两腿伸直，所示腰部放松，后甩时抬头挺胸，甩腰动作紧凑而有弹性。

（三）涮腰

两脚开立，略宽于肩，上体前俯，以髋关节为轴，两臂向左前下方伸出。然后挥动两臂，随上体向前、向右、向后、再向左做翻转绕环。左右涮腰交替进行，如图 4 - 9 - 13 至图 4 - 9 - 15 所示。

图 4 - 9 - 13   图 4 - 9 - 14   图 4 - 9 - 15

学练要点：两腿伸直，以腰为轴，翻转绕环圆活、和顺。

三、肩功

（一）压肩

面对一定高度的物体，两脚开立同肩宽，上体前俯，两手抓住横杆，抬头挺胸，塌腰，用力向下振压，如图 4 - 9 - 16 和图 4 - 9 - 17 所示。

图 4 - 9 - 16   图 4 - 9 - 17

学练要点：两腿伸直，肩部松沉，用力振压，力点集中于肩部。

（二）单臂绕环

左弓步站立，左手扶按左膝，右臂以肩为轴做直臂的顺、逆时针绕环。两臂交替进行，如图 4-9-18 至图 4-9-20 所示。

图 4-9-18　　　　　　　图 4-9-19　　　　　　　图 4-9-20

学练要点：臂伸直，肩放松，绕立圆。

（三）两臂交叉绕环

开步站立，两臂直臂上举，左臂以左肩关节为轴，向前下做顺时针绕环；同时，右臂以右肩关节为轴，向后下做逆时针绕环。两臂顺、逆时针交替进行，如图 4-9-21 至图 4-9-24 所示。

图 4-9-21　　　　　图 4-9-22　　　　　图 4-9-23　　　　　图 4-9-24

学练要点：身体正直，两臂伸直，绕环协调和顺。

四、武术散打中的基本踢腿方式

（一）正踢腿

正踢腿的动作方法是：双手侧平举成立掌，左脚上步，前移重心的同时右脚勾脚尖，直腿向正前上方摆踢，然后原路返回脚尖点地；右脚上半步，前移重心踢左腿。左右交替进行。

学生练习时应注意：（1）踢腿时头要上顶，身体保持正直，稍向前倾，应避免前俯后仰，双臂左右撑住不能摇晃，支撑腿要直。（2）上踢腿脚尖要勾紧。（3）髋关节注意回收，不能放胯。（4）落地要轻。

（二）斜踢腿（又称十字腿）

斜踢腿动作与正踢腿相似，只将摆腿的摆踢方向改为斜向异侧肩方向，其他动作要求与正踢相同。

（三）侧踢腿

侧踢腿的动作方法是：侧向直体站立，两臂侧平举成立掌，右脚经左脚前向左侧上步，左脚勾脚尖向左侧正上方踢，脚掌心向上，脚尖向右，同时左臂屈肘回摆于右胸前成立掌，右臂直臂向上撑于头上，掌心向上，掌指向左；左脚回落，脚尖点地，两臂回撑左右平举，右脚再上步踢左腿。踢右腿时动作相同方向相反。

注意事项与正踢腿相同。

（四）后踢腿

后踢腿动作方法是：两臂侧平举成立掌，左脚上步，右脚直脚勾脚尖前摆过腰；顺下落之势向后踢起，头与上身顺势后仰，眼仰视前上方；右腿自然原路回落，脚尖点地。右腿上步，同法踢左腿。左右交替进行。

学生练习时应注意：（1）先向前预摆，然后顺势后踢。（2）踢腿时上体向后仰起。（3）后摆腿不可过于弯曲。（4）后踢时脚面要绷直。

（五）里合腿

里合腿的动作方法是：并步直体站立，两臂侧平举，右脚向左前上步，前移重心的同时左脚回扣，直腿向左前上摆起，顺势向里合，经前向右侧落下，脚尖点地，左脚向右前上半步。同法踢右腿里合。左右交替进行。里合腿主要用于防守对方对我上体的进攻或攻击对方头部。

学生练习时应注意：（1）身体保持正直，不能摇晃。（2）摆动腿与支撑腿不能弯曲。（3）双手侧撑稳定，不能摇摆。（4）摆踢幅度尽量大，腰要靠近身体。（5）里合脚掌可与异侧手掌在正前击响。（6）踢摆腿不能直接踢向异侧。

（六）外摆腿

外摆腿动作方法是：并步直体站立，两臂侧平举，左脚向左前上步，前移重心的同时，右脚扣脚先向左前摆起，顺势经前向右侧外摆，落地脚尖点地。右脚向右前上步，同法踢摆左腿。左右交替进行。外摆腿主要用于防守对方上体的进攻或侧面攻击对方头部。

学生练习时应注意：（1）身体正直，两臂撑直，上体和手臂不能摇摆。（2）髋关节先合后开，踢摆腿不能直接向侧踢摆，要有一个外摆的过程。（3）外摆腿时可用双手在脸前，或一手在侧面与脚面击响。

第五章　武术散打的教学

第一节　武术散打教学的特点

一、以德为本，贯穿始终

　　武德是从事武术活动的人在社会活动中所应具有的道德品质和行为标准。"未曾学艺先学礼，未曾习武先习德"，散打教学不仅是增进健康、培养一定格斗技能的过程，而且是陶冶情操、培养高尚道德品质的有效手段。

　　教师首先对自己的言行要严格要求，要有高尚的武德和精湛的业务能力，并有针对性地进行武德教育，以不断培养学生良好的道德品质。武德教育应紧密结合当前社会主义精神文明建设，赋予鲜明的时代特征，寓武德教育于社会规范中，使学生进一步明确学习的目的和意义。

　　通过练武习德不断培养学生尊师重教、讲礼守信、见义勇为等良好的心理素质和高尚的道德情操，教育学生以弘扬民族文化、发扬民族传统体育项目为己任，为提高全民族素质而努力。

二、动作规范，注重实用

　　散打技法丰富，在实战中更是变化多端。但是无论多么复杂的动作，都是由最基本的技术动作组成的。因此，在学习散打技术时要注意动作的规范性，严格按动作运行路线、技术要领、发劲特点、着力部位等，做到路线明、方法清、力点准、发劲顺。

　　对错误动作和方法一定要不厌其烦地进行纠正，尤其对于初学者更要严格规范动作，否则，一旦形成错误的动作定型就很难纠正。

　　教师在教学过程中必须从对抗性的特点出发，不仅注重动作的外在表现而且要注重动作的实用性，使学生明确每一个技术动作在实战中的应用价值，避免技术练习与实战应用脱节。学生练习时，要引导他们仔细体会每一个技术动作实战中的不同用法，以提高动作的实效性为主要目的。

三、循序渐进，区别对待

　　任何技术动作都是由初练到娴熟，由娴熟到精巧、到运用自如，都是一个逐步适应的过程，学习散打技术同样要遵循运动技能的形成规律，循序渐进地进行学习。

　　学习时要从最基本的拳法、腿法、摔法学起，从单个技术到组合技术，从简到繁，从条件实战到实战，循序渐进，切不可操之过急。对于不同的个体，其身体状况、接受能力以及生理和心理特点不尽相同，因此，在散打教学中既要根据学生的平均水平制定相应的教学计划和目标，又要考虑到个体的差异性。另外，即便是同一学生在学习的不同阶段，在心理等方面也不尽相同。所有这些都要求教师根据教学对象的具体情况区别对待，有针对性地采用教学方法和练习形式。

四、以点带面，触类旁通

"不怕千招会，就怕一招绝"。意思是学习技术不要只求多，更要求精，要有自己的最熟练、最独特的"一绝"，才能给对手威胁。

培养练习者的进攻、防守及反击的战术意识和应变能力，有利于提高对时机、空间和距离的把握能力，培养克敌制胜的智力和心理品质等。通过一些简单实用的方法进行练习和实战，不仅可以使练习者提高兴趣、集中注意力、降低心理压力，而且有利于重点技术的熟练和提高，有利于战术意识的形成。

随着教学进度的不断深入，学习者在实战中运用技战术的能力不断提高以后，再逐渐丰富攻防技法，以达到全面掌握散打踢、打、摔的技术内容。

"以点带面，触类旁通"的教学特点，其核心是在教学的初级阶段要抓基本、抓重点、抓规律、抓共性，做到举一反三，一通百通。不要一开始就面面俱到，贪多求快反而没有了核心，没了重点。待学习者基础牢了，再向广度和数量上发展。

五、双人配合，贵在和谐

散打是两人的对抗项目，双人的配合练习是提高散打技战术的有效途径，也是重要的练习形式之一。双人配合练习的形式多样，有攻防技术练习、打靶练习、喂招练习、条件实战。

提高在攻防中技战术的运用能力是双人配合的主要意图。在平时的练习中，一定要教育学生树立"为对方服务"的思想，从对方实际水平出发，以对方的最佳适应性为度。

第二节　体育教学原则在散打教学中的应用

一、自觉积极性原则

散打练习是一个艰苦长期的过程，一般高校散打选修课开设一学年，每学期 18 次课，每周一次，每次两个课时。这两个课时可以这样来分：准备活动 30～35 分钟，基本教学内容 45～50 分钟，结束放松 5～10 分钟。在这个时间段里完成一个周期的散打学习练习，要保质保量是很难的。只有挖掘学生的自主积极的学习态度练习热情，抓住每一分每一秒才能提高练习质量。这就要求教师在教学过程中多和学生交流，使学生深刻认识学习的目的，自觉积极地学习，培养独立思考能力，创造性地完成学习任务。

散打课教学中首先应明确学习的目的，开设散打课是增强体质，培养勇敢顽强的精神和防身自卫的技能，提高自身心理素质。明确了目的就能调动学生的学习积极性，使学生更加自觉地参与到学习中来。

二、直观与思维结合原则

（一）正确的讲解与示范

讲解与示范是在体育课教学中最基本最常用的直观教学方法，也是直观教学中最重要的手段。正确的讲解示范让学生建立正确的技术动作概念。只有在大脑形成正确完整的技术动作，才会给下一步的顺利学习奠定基础。讲解与示范不是分割的，通常两者是紧密结合、灵活运用的。深入在体育教学中，有时是先讲解后示范，或先示范后讲解，或边讲解边示范。讲解应当简明扼要，形象生动，重点突出。散打教学中讲解的过程和内容主要有：讲解动作名称；讲解动作规格要求和动作路线；讲解动作的攻防用法；讲解动作的易犯错误；讲解动作的技术特点；讲解动作练习方法。示范的内容有：正确动作的示范；完整与分解示范；慢动作示范；合理的示范位置；示范面的运用。这些都是直观教学的重要方法。

（二）引导式教学

散打学习练习是一个艰苦的长期的，甚至枯燥的过程。如何引起学生的学习兴趣呢？这就要求我们教师充分的发挥教学方法的优势，引导学生进行练习。为了完成达到教学任务及目的，教师在学习内容、手段和方法上不能千篇一律，而应是生动活泼、形式多变的。只有这样才能使学生觉得学习过程不枯燥乏味。现代大学生理解能力较强，思维方式独特，教师应多采取启发式的讲解，培养其多思维、多探讨的自学能力。在教学上教师多采取鼓励教学，在教法上方法要多样多变，增加快乐体育氛围创造一个活跃的课堂气氛，这样对散打教学是一个积极的推动作用。比如：在训练头部躲闪技术时，既可以戴拳套冲击头部，也可以用软排球投击等，练习躲闪技能。软排球击中头部不是很痛，可以帮助学生克服怕打心里，又可以达到教学效果。又如分组进行游戏性练习，对提高学生练习热情有很大帮助。但首先在练习之前讲明这项练习提高的是什么，分析练习优点，对提高什么方面目标的重要性，启发他们对练习的自觉性。在教学方法上应抓住学生心理，多采取模拟实战方法练习，如：打踢沙包中加入搂抱沙包战术，然后推开沙包。这样可以在练习中让学生不会觉得打沙包很机械化，还能提高步法和意识，还可以使体能差的学生在搂抱的过程中休息。这些都在练习中增加了练习的多样性，提高了练习效果。再通过技术分析、战术意识培养等引导学生提高学习方法。

各种直观手段只能建立动作的表象，而要掌握动作形成正确的技术概念，达到理性的认识就必须通过积极思维、认真分析加工来完成这一过程。实践证明学生的思维能力是很强的，对技术动作、战术思想的理解都是深层的。但是我们在教学过程中要善于启发学生的积极思维能力，要通过对比分析，提高对技术动作的规格化的理解，再反复练习掌握技术动作，提高技术动作的运用能力。

（三）阶段性总结

在教学中，小结、总结、考核都是必需的，通过小结、总结和检测使学生看到自己的成绩和进步，坚定学习的信心，提高学习的自觉性。当然，也可在总结中找到很多问题，这时候教师要主动就存在的问题进行剖析，追究其根源，参考学生的想法和意见，然后提出几种改进的办法供学生参考，帮其掌握。从而使学生主动地、积极地参加下一阶段的学习和练习，这样师生的目标一致，共同搞好教学与练习。

三、循序渐进和区别对待原则

任何体育项目在从学习到掌握中间都有个长期的练习过程。散手练习也是一样，技术动作由初练到娴熟，由娴熟到精确再到运用自如，这些都是一个循序渐进的过程。教学过程中从基本的拳法、腿法和摔法学起；从单击技术到组合技术的形成；从简到繁；从条件意识练习到条件实战再到实战。这都离不开循序渐进的练习原则。在选修课上的学生身体素质各不一样，教师既要保证大部分学生掌握技术动作，又要兼顾个别学生。要根据学生的个人特点，有针对性地去定任务，选择方法、手段和安排训练量。

在教学中，教师要根据学生具体情况针对性采取教学法和练习方法，既要根据学生平均水平，制定相应的教学计划和目标，又要考虑学生身体状况，接受能力，以及生理和心理特点等方面的差异。只有在全面了解学生的基础上，才能制定出充分反映全班目标和个人计划的教学大纲，在练习课上要以全班集体练习为主，但在集体练习过程中，可针对的安排个人练习，取长补短，达到共同进步。

四、精讲多练原则

在课堂上讲解示范是学生形成正确动作概念的基本方法。精准的讲解，正确的动作示范是和体育教学分不开的。散打是多练习才能提高的体育项目，其中就体现一个"练"字上。行话里讲"拳不离手，曲不离口"，在我们现在的体育教学中，教师要根据不同的体育项目，采取不同的教学方法和练习手段。散打学习主要是以重复练习为主要手段，在教学过程中也就强调多练的教学原则。在教师简明扼要的讲解下，达到学生表象上的理解，然后通过练习来提高学生的技战术水平。

五、从难、从严、从实战出发的原则

（一）从难

散打是对抗激烈的项目，在练习过程必须加大难度。但在加大难度的同时，教师得注意合理的方法，考虑学生自身的身体状况。如平时通过教学录像等让学生观看比赛，模拟实战演练，让学生体会散打训练的要求，从而加大难度训练。例如，散打中的高腿法要求击打点为头高度，但实际不是这样的，这就要求我们给学生制定目标，加以教学教法的运用使学生的韧带达到高度要求。再如，实战中要求打三局，净打时间两分钟，局间休息一分钟，我们平时实战课上就要求学生打五局，时间三分钟，局间从第一局休息半分钟开始后每局递增二十秒。加大了强度、密度训练，这才能让学生提高实战的适应能力。

（二）从严

在教学训练过程中表现为严格要求和科学练习。在散打学习的过程中不光是让学生掌握攻防技术，更重要的是让学生锻炼身体，提高身体素质，这也是为散打练习打下坚实基础。如单个技术动作练习，要求达到动作质量就必须在动作的数量上加强，素质上的提高。只有一定量的完成，素质上的提高，才能更好地巩固动作，提高动作的质量。科学的训练方法和教师的严格要求，对学生的作风、意志和心理素质也是个很好的锻炼。

（三）从实战出发

散打是一个对抗性很强大的运动项目，每个动作都在实战中有其作用。教师在教学过

程中从基础练习就要讲解其在实战中的用处及优劣势,这样也会提高学生练习的积极性,促进学生课余练习,对训练起推动作用。

武术散打正在进入普通高校的体育课堂,这是给我们这些从事武术散打教学工作者的一个信息,是发挥我们作用的时候了。我们不光肩负着提高学生身体素质的重任,我们还肩扛着传播中华武术的光荣使命。这个巨大的任务能不能完成好,就看我们在教学工作上准备的充分不充分了,因此我们必须坚持教学原则,以原则为根基,提高高校散打选修课的质量,进而让武术散打项目进入高校体育课,得到广泛开展,争取让武术散打项目在高校中创新、腾飞。

第三节　武术散打教学一般步骤

一、学会动作

在教师的指导下初步学会动作,对动作的运动路线、发力顺序、击打力点等有一个感性认识。此时,学生的条件反射刚建立,尚不巩固,教师在教学中不要过多强调动作细节,而应抓住技术的主要环节,多运用示范讲解方法来帮助学生对技术动作的初步体会。

二、强化、体会技术及用力技巧

在初步掌握动作后,教师应引导学生认真体会动作要领和用力技巧,消除多余动作,帮助学生不断改进动作细节,避免出现动作预兆,使动作更加协调、准确,并通过反复练习,不断强化攻防意识,强化条件反射。

三、配合运用

在初步建立正确的动力定型后,必须有针对性地进行两人配合练习。配合练习,要根据不同的教学阶段和目的提出不同的条件限制,从单个技术到组合技术、从单一战术到复合战术的运用,循序渐进,任何过高或过低的条件限制都不能达到最佳教学效果。

四、条件实战

在对动作有了一定理解和掌握后,可在一定的条件限制下进行两人的实战练习。条件实战要根据学生的实际情况和练习的目的选择相应的实战内容。在不同的条件下,培养学生对不同技术、战术的理解和运用能力,培养对距离、时机、空间的精确感觉和把握能力,培养在实战中特有的快速反应能力和应变能力,为过渡到实战阶段打下良好基础。

五、实战

实战是技术学习的最高阶段,也只有通过实战才能真正检验技术动作的质量和教学效果。它可以不断锤炼对技术动作的把握程度和运用能力。在实战中,教师要引导学生学会自我分析和总结提高的能力,找出自己的不足,不断提高自己的实战技能。

第四节　武术散打教学的方法

散打教学方法是散打教学过程中完成教学任务所采用的教学途经和手段。现代散打在教学方法上是力求激发学生学习的兴趣，自觉钻研的主动性与积极性，强调把教师的教与学生的学统一起来，既要发挥教师的主导作用，又要发挥学生的主体作用，同时还要根据教学任务、教材特点、学生实际等具体情况确定教法的运用，力求保证完成教学任务的质量。

一、讲解与示范法

（一）讲解教学法

讲解时要通俗易懂，简明扼要，富有启发性，并要注意讲解的层次和时机。

1. 讲解的内容

（1）动作名称。如接腿摔中的"抹脖摔"、抢腿摔中的"穿袖"等具有形象化名称的动作.要向学生讲清动作名称的深刻含义。

（2）动作规格及运动规律。使学生明确动作的质量标准，所做动作应当正确、规范。使学生明确技术动作的起止点及运行路线、运动轨迹等一些规律性的基本方法。如正蹬腿属于直线性腿法，由屈到伸，直来直去。

（3）技击含义。讲解动作的攻防方法、着力点、打击部位以及击打时机等。

（4）关键环节。学生掌握动作关键的能力如何，决定着能否较快正确的学会动作，因此这部分要着重讲解，如直拳要"送肩"，鞭腿要"转胯"等。

（5）易犯错误。讲解动作易犯错误，可以防患于未然，即使出现错误，学生也能在教师的提醒下较快地意识到存在的错误，便于及时纠正。

2. 讲解的方法

（1）形象化讲解。利用形象化比喻，如要求做侧踹腿时，小腿必须充分收回，这样踹腿的力度才会加大，可比喻成弹簧在压缩到最大限度时，所释放的弹力才会最大，使学生充分理解到大小腿充分折叠时，出腿的力度及速度的加大。

（2）启发式讲解。可以围绕动作的要点先提问，或先做示范。让学生自己分析动作要领，启发学生的思维，最后做归纳性讲解，使学生理解得更加深刻。

（3）口诀化讲解。为使语言简明易记，可以把所讲内容口诀化。如讲后直拳时，可以归纳为"蹬地、转腰、送肩、力达拳面"。

（二）示范教学法

这是学生通过视觉接受技术最生动具体的教学方法，是教师以准确的动作为范例，使学生通过直接观察了解动作的形象、结构、用力方法等。可以提高学生的学习兴趣，激发学生学习的自觉积极性。

1. 示范的方法

（1）常速示范。对学生所学动作进行正确的常规速度的示范，使学生大脑中建立动作的最初印象。

（2）慢速示范。为了便于学生认真、全面的了解动作，需放慢速度进行示范，比如完成动作过程中的运行路线、运动轨迹、关键环节等都要放慢速度。

（3）分解与完整示范。为了便于学生掌握动作，对于一些技术过于复杂、细节较多的动作，可把动作分成上肢动作、下肢动作或左右侧动作，待局部动作掌握以后再连贯完整进行。教学时一般采用完整—分解—完整的步骤进行，如教"接腿抹脖勾踢摔"时，可先做完整的动作示范，给学生一个完整的动作概念，然后分解成接腿、进步、抹脖、勾踢这几个环节分别教学，使学生能够看清和学会动作细节，最后再通过完整的教学使动作一气呵成。

2. 示范位置的选择

（1）讲解时的示范位置

教师可站在横队的排头、排尾连线所构成的等腰三角形的顶点进行示范，如图 5-4-1 所示。教师还可站在相向而立的二列横队之间的空地进行示范，如图 5-4-2 所示。

图 5-4-1   图 5-4-2

另外，也可以让学生站成半圆形或马鞍形，教师在中间示范，如图 5-4-3 所示。

图 5-4-3

（2）领做的示范位置

可根据动作的运动方向站在队伍的正前方、左侧或右侧。

二、练习法

（一）空练

空练是指学生在初学基本动作时，所采用的集体或个人练习的方法。集体练习时，学生排成几列横队，通过教师统一口令的指挥，学生进行集体练习；个人练习是学生自己单独进行的练习，通过臆想假设敌，假想诱惑对手进攻，从而采用进攻或防守，在对空搏斗中培养学生的思维意识，提高动作的速度及准确性。

（二）配对练习

配对练习是熟练掌握动作的重要环节。两人通过攻防、喂招等方法进行练习，一般可分为几个步骤来进行：首先，在教师的统一口令下，集体（配对）练习动作。开始时，两人可保持一定的距离，在教师的统一口令下，一方做进攻动作，另一方做不接触式的防守，然后在一定的时间及次数后，交换动作，以便使学生双方都能体会到不同性质的技术动作要领。当学生能够正确地掌握实战动作之后，可以进行两人保持一定距离的不接触式的假想实战，按照教师教给的各种手段练习，使学生有可能避免最普遍的最基本的错误动作，一般可规定 5 分钟左右交换一次攻守，练习时间的长短取决于动作的复杂程度。练习时谁进攻谁防守要明确，但要求学生在接进真正实战的条件下进行，并且对动作的速度、幅度、方向都要提出明确要求，最后过渡到有条件的实战。条件实战是最重要的教学方法之一，能使学生认真练习和完善掌握实战时所需的技术动作。可规定只需使用某种技术的两人相互攻守练习，或规定一方主动进攻，另一方只能防守反击等。

三、预防和纠错的方法

学生在学习和掌握动作的过程中会出现各种错误，教师应善于及时发现和纠正学生的错误，一般预防错误和纠正错误的方法有以下几种：

（一）集中练习法

容易出现错误的关键部分的局部动作，按照动作规格反复进行练习，使学生熟练掌握之后，再进行完整的练习，这种方法一般是在未出现错误动作或错误动作未定型时采用。

（二）分解教学法

把出现错误的动作按动作要领将其分解成若干部分，然后逐个纠正，反复练习，再把动作连贯起来进行练习。

（三）强调措施法

对学生经常出现的习惯性的错误动作，比如，基本姿势的后手过低，头部易暴露给对手，教师就有意识的击打他的头部，使其在实战中意识到它的重要性，从而强制其改进技术动作。

（四）对比求异法

通过正确动作与错误动作的比较，从中发现问题，找出差异，从而帮助其纠正错误，改进技术。

第五节　武术散打教学大纲

本节给出一个教学大纲的范例，可供教学参考使用。

武术散打选项课程教学大纲

课程名称：武术散打

适用专业：各专业专科学生

学　　时：112 学时

开课学期：第一、二、三、四学期

课程性质：公共选项课

一、课程的地位、作用及任务

（一）课程的地位

体育选项课是大学体育教育的主要组成部分。

（二）课程的作用和任务

（1）传授武术散打理论知识、技术、技能和锻炼身体的方法，使学生提高武术修养，增强学生体质，提高格斗能力。

（2）发展学生个性，扩展运动兴趣，促进身心健康，学会采用武术散打自我锻炼身体的手段和方法，养成锻炼的习惯，使其终身受益。

（3）培养学生具有高尚的道德品质，顽强的意志和努力拼搏的精神。

二、课程的教学内容和教学要求

（一）授课内容

1. 专项理论部分

武术运动概述；武术简史；武术的内容与分类；武术竞赛的组织与裁判。

2. 基本技术部分

基本功、基本动作：肩部、腿部、腰部练习；散打运动及其训练：散打运动概述，散打运动基本技术——拳法、腿法、摔法。

3. 发展专项素质的练习方法

柔韧素质练习方法；力量素质练习方法；协调性练习方法 ；灵敏性练习方法。

4. 武术类体育游戏

例如，手型变换游戏：两人相距 1 米左右对面站立，双手抱拳呈实战姿势，齐喊"拳、掌、钩"，当声音结束的同时做出冲拳或推掌、勾手的动作，按照拳胜掌、掌胜钩、钩胜拳的顺序决定胜负。

（二）教学基本要求

（1）依据教学大纲，选定合适教材，了解学生基本素质和场地设施、器材情况，确定重点教学内容、一般教学内容和介绍内容，合理分配各教学内容的教学时数；

（2）通过教学使学生了解武术运动的基本理论，掌握一定的武术散打技法；

（3）注重对学生能力的培养——基本知识表达能力、运用武术技击能力，体育竞赛欣赏能力；

（4）注重对学生终身体育意识、创新意识、良好意志品质、组织纪律性和团结协作精神的培养。

三、考试内容和要求

（1）考试项目：散打技法。

（2）成绩评定方法：采用技能评定、考勤结合的方法百分制记录分数。成绩合成比例：考试项目技术评定 70%，考勤 30%。

四、考试项目技能评分标准

100～86 分：能熟练完成技术动作，动作舒展、节奏明显、内含劲道。

85～76 分：能熟练完成技术动作，动作舒展。

75～60 分：能够完成技术动作。

59～30 分：不能完成技术动作。

五、课程的主要参考书

《现代散打技法》，作者：王智慧，人民体育出版社；

《散打入门教程》，作者：陈超，北京体育大学出版社。

六、说明

（1）本教学大纲是根据教育部下发的《全国普通高等学校体育课程教学指导纲要》和西安培华学院体育课教学改革建设方案设置而制定的。

（2）本教学大纲适用于大学一年级本科学生的公共体育选项课程。

武术选项课教学计划大一本科第1学期

学院	西安培华学院	专业	全校各个专业学生	年级	大一	学生人数	无
课程名称	武术散打			课程类别		公共体育课	
总学时数	28学时	是否是专业教师		是		是否收费	否
主讲教师	金马	职称	讲师	辅导教师		职称	
教材	武术散打教学与训练			主编		白永正、权黎明	
出版社	北京体育大学出版社			出版时间及版次		2006年第1版	

学时：28学时（其中理论课2学时，技术课24学时，实践课2学时）。

教学安排与学时分配

类别学时	教学安排			总计
	理论课	技术课	实践课	
学时	2	24	2	28
百分比（%）	14	72	14	100

授课内容与时间分配

课次	教学内容	教学时数	教学形式	授课情况及效果
1	1. 实战姿势（正架、反架）重点：格斗姿势。 2. 基本步法（进步、退步、前疾步、后疾步、上步、撤步、垫步、滑步、跳换步、环绕步、弹跳步） 重点：进步、退步、前疾步、后疾步、环绕步。	2	技术课	
2	基本拳法（直拳、摆拳、勾拳、抄拳、掼拳） 重点：直拳、摆拳、勾拳、抄拳、掼拳	2	技术课	
3	拳法组合（前直拳—后直拳；前直拳—后直拳—前直拳；左右直拳—前掼拳等组合动作）	2	技术课	
4	基本腿法 1. 正蹬腿（前腿正蹬 、后腿正蹬）	2	技术课	
5	基本腿法 2. 侧踹腿（前侧踹腿、后侧踹腿）	2	技术课	
6	基本腿法 3. 鞭腿（前鞭腿、后鞭腿）	2	技术课	

续表

课次	教 学 内 容	教学时数	教学形式	授课情况及效果
7	基本腿法 4. 勾踢腿(前勾踢腿、后勾踢腿) 　　　　5. 扫腿(前扫腿、后扫腿)	2	技术课	
8	基本腿法 6. 转身后摆腿(前、后转身摆腿) 　　　　7. 腾空腿	2	技术课	
9	散打概论知识点:散打概念;发展简史;散打的分类、特点和作用;学习散打的注意事项。	2	理论课	
10	腿法组合(前正蹬—后正蹬;前正蹬—前侧踹;前低鞭腿—后中鞭腿等)	2	技术课	
11	拳腿组合(前低鞭腿—后直拳;前直拳—后掼拳—前低鞭腿;前直拳—前侧踹—后低鞭腿)	2	技术课	
12	拳腿组合复习(前低鞭腿—后直拳;前直拳—后掼拳—前低鞭腿;前直拳—前侧踹—后低鞭腿)	2	技术课	
13	复习考试内容(正蹬腿、鞭腿、侧踹腿、直拳)	2	技术课	
14	考核:正蹬腿、鞭腿、侧踹腿技术评定;直拳30秒次数	2	实践课	

考核内容、办法及标准

1. 考核内容:正蹬腿、鞭腿、侧踹腿技术评定;直拳30秒次数。

2. 考核办法:给学生两次考试机会(注:主要是针对考试时遗忘动作的学生而言)。

3. 评分标准:

等级	不及格 60分以下	及格 60~75分	良好 76~85分	优秀 86~100分

武术选项课教学计划大一本科第 2 学期

学院	西安培华学院	专业	全校各个专业学生	年级	大一	学生人数	无
课程名称		武术散打		课程类别		公共体育课	
总学时数	28学时	是否是专业教师		是		是否收费	否
主讲教师	金马	职称	讲师	辅导教师		职称	
教材		武术散打教学与训练		主编		白永正、权黎明	
出版社		北京体育大学出版社		出版时间及版次		2006年第1版	

学时:28学时(其中理论课2学时,技术课24学时,实践课2学时)。

教学安排与学时分配

类别学时	教 学 安 排			总计
	理论课	技术课	实践课	
学时	2	24	2	28
百分比(%)	14	72	14	100

授课内容与时间分配

课次	教学内容	教学时数	教学形式	授课情况及效果
1	素质测试俯卧撑；立定跳；50M 跑；折返跑；高抬腿等	2	技术课	
2	拳法组合（前直拳—后直拳；前直拳—后直拳—前直拳；左右直拳—前掼拳等组合动作）	2	技术课	
3	拳法组合复习（前直拳—后直拳；前直拳—后直拳—前直拳；左右直拳—前掼拳等组合动作）	2	技术课	
4	腿法组合（前正蹬—后正蹬；前正蹬—前侧端；前低鞭腿—后中鞭腿等）	2	技术课	
5	腿法组合复习（前正蹬—后正蹬；前正蹬—前侧端；前低鞭腿—后中鞭腿等）	2	技术课	
6	拳腿组合（前低鞭腿—后直拳；前直拳—后掼拳—前低鞭腿；前直拳—前侧端—后低鞭腿）	2	技术课	
7	拳腿组合复习（前低鞭腿—后直拳；前直拳—后掼拳—前低鞭腿；前直拳—前侧端—后低鞭腿）	2	技术课	
8	拳腿组合复习（前低鞭腿—后直拳；前直拳—后掼拳—前低鞭腿；前直拳—前侧端—后低鞭腿）	2	技术课	
9	散打裁判知识点：散打裁判的手势、口令；散打的得分标准；散打裁判应注意事项等	2	理论课	
10	跌法技术 1. 前倒 2. 后倒 3. 抢背 4. 抢背摔 5. 团身后滚翻 6. 前翻摔 7. 盘腿跌	2	技术课	
11	摔法基本技术—夹脖摔	2	技术课	
12	摔法基本技法—把腰摔	2	技术课	
13	摔法基本技法—过背摔	2	技术课	
14	考核：拳腿组合 30 秒。或者是摔法	2	实践课	

考核内容、办法及标准

1. 考核内容：拳腿组合 30 秒。或者是摔法。（任选一）

2. 考核办法：给学生两次考试机会（注：主要是针对考试时遗忘动作的学生而言）。

3. 评分标准：

等级	不及格 60 分以下	及格 60～75 分	良好 76～85 分	优秀 86～100 分

武术选项课教学计划大二本科第 3 学期

学院	西安培华学院	专业	全校各个专业学生	年级	大二	学生人数	无
课程名称	武术散打			课程类别		公共体育课	
总学时数	34 学时	是否是专业教师		是	是否收费		否
主讲教师	金马	职称	讲师	辅导教师		职称	
教材	武术散打教学与训练		主编		白永正、权黎明		
出版社	北京体育大学出版社		出版时间及版次		2006 年第 1 版		

学时：34 学时(其中理论课 2 学时，技术课 30 学时，实践课 2 学时)。

教学安排与学时分配

类别学时	教学安排			总计
	理论课	技术课	实践课	
学时	2	30	2	28
百分比(%)	6.5	87	6.5	100

授课内容与时间分配

课次	教学内容	教学时数	教学形式	授课情况及效果
1	素质测试俯卧撑；立定跳；50M 跑；折返跑；高抬腿等	2	技术课	
2	拳法组合(前直拳—后直拳；前直拳—后直拳—前直拳；左右直拳—前掼拳等组合动作)	2	技术课	
3	拳法组合复习(前直拳—后直拳；前直拳—后直拳—前直拳；左右直拳—前掼拳等组合动作)	2	技术课	
4	腿法组合(前正蹬—后正蹬；前正蹬—前侧端；前低鞭腿—后中鞭腿等)	2	技术课	
5	腿法组合复习(前正蹬—后正蹬；前正蹬—前侧端；前低鞭腿—后中鞭腿等)	2	技术课	
6	拳腿组合(前低鞭腿—后直拳；前直拳—前掼拳—前低鞭腿；前直拳—前侧端—后低鞭腿)	2	技术课	
7	拳腿组合复习(前低鞭腿—后直拳；前直拳—前掼拳—前低鞭腿；前直拳—前侧端—后低鞭腿)	2	技术课	
8	拳腿组合复习(前低鞭腿—后直拳；前直拳—前掼拳—前低鞭腿；前直拳—前侧端—后低鞭腿)	2	技术课	
9	中国武术的发展及养身功能	2	理论课	
10	跌法技术 1. 前倒 2. 后倒 3. 抢背 4. 抢背摔 5. 团身后滚翻 6. 前翻摔 7. 盘腿跌	2	技术课	
11	摔法基本技术—夹脖摔	2	技术课	
12	摔法基本技法—把腰摔	2	技术课	
13	摔法基本技法—过背摔	2	技术课	
14	摔法基本技法—抓臂别腿摔	2	技术课	
15	摔法基本技法—穿扛前摔	2	技术课	
16	摔法基本技法—穿扛后摔(俗称倒口袋)	2	技术课	
17	考核：空击 60 秒。或者是摔法	2	实践课	

考核内容、办法及标准

1. 考核内容：空击 60 秒，或者是摔法。（任选一）

2. 考核办法：给学生两次考试机会。

3. 评分标准：

等级	不及格 60 分以下	及格 60～75 分	良好 76～85 分	优秀 86～100 分

武术选项课教学计划大二本科第 4 学期

学院	西安培华学院	专业	全校各个专业学生	年级	大二	学生人数	无
课程名称	武术散打			课程类别		公共体育课	
总学时数	28 学时	是否是专业教师		是		是否收费	否
主讲教师	金马	职称	讲师	辅导教师		职称	
教材	武术散打教学与训练			主编		白永正、权黎明	
出版社	北京体育大学出版社			出版时间及版次		2006 年第 1 版	

学时：28 学时(其中理论课 4 学时，技术课 22 学时，实践课 2 学时)。

教学安排与学时分配

类别学时	教学安排			总计
	理论课	技术课	实践课	
学时	4	22	2	28
百分比(%)	28	68	14	100

授课内容与时间分配

课次	教 学 内 容	教学时数	教学形式	授课情况 及效果
1	1. 素质测试俯卧撑；立定跳；50M 跑；折返跑；高抬腿等	2	技术课	
2	拳法组合(前直拳—后直拳；前直拳—后直拳—前直拳；左右直拳—前掼拳等组合动作) 打靶训练	2	技术课	
3	腿法组合(前正蹬—后正蹬；前正蹬—前侧踹；前低鞭腿—后中鞭腿等) 打靶训练	2	技术课	
4	拳腿组合(前低鞭腿—后直拳；前直拳—后掼拳—前低鞭腿；前直拳—前侧踹—后低鞭腿) 打靶训练	2	技术课	
5	摔法练习(抱腿前顶、抱腿旋压、抱腿搂腿、折腰搂腿、压颈搂腿等)	2	技术课	
6	拳、腿、摔、组合：空击练习找出习惯性动作，加以练习 打靶训练	2	技术课	
7	拳、腿、摔、组合：空击练习找出习惯性动作，加以练习 打靶训练	2	技术课	

续表

课次	教 学 内 容	教学时数	教学形式	授课情况及效果
8	擒拿与反擒拿：主要是一招制敌，当遇到危险以后怎么办，教一些方法	2	技术课	
9	擒拿与反擒拿：主要是一招制敌，当遇到危险以后怎么办，教一些方法。（复习以前所学）	2	技术课	
10	武术的武德教育	2	理论课	
11	模拟实战：主要是锻炼距离感和反应能力，注意意外伤害	2	技术课	
12	模拟实战：主要是锻炼距离感和反应能力，注意意外伤害	2	技术课	
13	散打战术：散打战术的作用、意义；战术原则；战术形式与运用	2	理论课	
14	考核：60 秒打靶	2	实践课	

考核内容、办法及标准

1. 考核内容：60 秒打靶。

2. 考核办法：一人持靶，一人击打。

3. 评分标准：

等级	不及格60 分以下	及格60～75 分	良好76～85 分	优秀86～100 分

第六节　散打教学课的任务与结构

一、教学课的任务

教学课的任务是由本课程的教学进度所决定的。

要求：教学课的任务的提出，要符合体育教学的一般规律和散打技能形成的特点，要针对学生的基础和能力，切实可行。如果任务要求过高，学生容易失去信心，甚至形成空话；任务要求过低，则不能激发学生的积极性，达不到应有的教学效果。

二、教学的结构

教学课的结构是指组成一堂课的几个部分，以及各个部分的教学内容、组织教法、时间与量的安排等。根据人体机能活动变化的规律，一堂散打教学课一般可分为准备、基本、结束三部分（也有把准备部分细分为开始和准备两部分的），各个部分都有各自的主要任务、内容、组织教法与形式。

（一）准备部分

内容：检查学生的出勤情况、师生问好、宣布课的任务和要求。要求、安排见习生以及准备活动等。

（1）准备活动的内容可分为：一般性准备活动和专门性准备活动。一般性准备活动通常是走跑练习、徒手体操（或武术操）以及活动量较小的一般性游戏练习，使全身各主要肌肉群、关节、韧带等部位都得到充分活动；专门性准备活动主要采用与基本部分的内容相类似的练习。或者安排一些散打中起基础性作用的基本功、基本动作进行练习，使身体各肌肉群、关节、韧带、器官以及各主要系统的机能做好充分准备。

（2）准备活动的组织方法：一般采用集体练习的形式，可分排练习、分组或各人分散进行。活动的内容应由静到动，由小到大，由简单到复杂，由局部到全部，使身体有一个逐渐适应的过程。

（3）准备活动的时间：一般占课程的 20％～30％。

（二）基本部分

基本部分是整个教学课的重点，也是能否完成教学任务的关键。安排的时间一般占60％～70％ 。

基本部分的内容首先要考虑安排的顺序。一般来说，重点的教学和复习内容应该安排在身体充分活动以后，身体机能处在最佳状态时进行。学生此时的精力集中，体力充沛，能确保达到最佳的教学效果。为了保证练习的数量和运动负荷，采用的练习形式是至关重要的。如集体练习，可以增加练习次数；分排练习，既可保证适宜的运动负荷，又能互相观摩学习。基本部分的组织教法，要以充分发挥教师的主导作用为主，注重调动学生的积极性，注重培养学生的组织能力、分析能力和解决问题的能力，做到教学相长、取长补短。

（三）结束部分

结束部分是有组织的结束教学活动，使学生逐渐恢复到相对安静状态的过程。

结束部分的内容应根据课的性质选择一些逐步降低运动负荷的练习，如徒手的放松练习、比较缓和的活动性游戏、一些恢复性的整理练习等；教师要进行总结和讲评本科的教学任务完成情况以及学生遵守课堂纪律的情况等；有时也可布置课外作业以及预告下次课的内容等。

第七节　武术散打教案示例

本节给出一个散打教案示例，可供教学参考使用。

武术散打课电子版教案 第 课

级　　　　第　　　学期		人数		教师	
教材内容	基本腿法 正蹬腿（前腿正蹬 、后腿正蹬）				
教学任务	1. 让学生掌握正蹬腿的基本技术要领； 2. 让学生会用这种腿法； 3. 通过本次课提高学生的灵敏素质				
教学重点	腿法：正蹬腿	教学 难点	腿的提高高度	安全 提示	体能训练时注意安全

部分	教 学 内 容	练习时间	组织教法
开始部分	课堂常规 一、整队、点名 二、师生问好 三、宣布本课任务和要求	5分钟	学生呈二列横队站立 ×××××××× ×××××××× ▲
准备部分	一、慢跑 二、徒手操 1. 上肢运动　2. 双臂绕环 3. 体侧运动　4. 体转运动 5. 腹背运动　6. 膝关节绕环 7. 颈部运动　8. 腕、踝关节绕环	5分钟	一、全班呈两路纵队围绕篮球场慢跑四圈 二、呈体操队形，教师呼口令四八拍，学生集体做 ×××××××× ×××××××× ▲ 要求：动作整齐划一
基本部分	1. 基本功训练 　技术点：肩部练习、腰部练习、腿部练习 2. 腿法技术前正蹬腿、后正蹬腿 　以前正蹬腿为例：左蹬腿：基本实战势站立，身体重心移至后腿，后腿略屈，左腿屈膝上抬，含胸，收腹，下腿贴近胸部脚尖勾起，脚底朝前下，随即左腿由屈而伸向前上方蹬出，力达脚跟，当脚触及目标时伸胯并使脚尖猛向前下方压踩，使力达全脚掌，两拳自然下落至体前，目视前脚部，蹬腿后脚落下，还原成基本姿势 要点： 　支撑腿可微屈保持平衡，上体不可过分后仰，屈膝上抬与左伸蹬要连贯 3. 后正蹬腿（略） 4. 体能训练 　灵敏 　技术点：跑、跳练习，游戏，跳绳，球类比赛，信号反应练习等	15分钟 45分钟 15分钟	一、教师讲解、示范 1. 学生呈两列横队 2. 学生集体跟着教师做动作进行徒手模仿练习 3. 教师检查纠正错误动作 二、教师讲解示范动作 1. 学生进行模仿 2. 教师检查纠正错误动作 3. 注意动作要点 三、教师讲解、示范 1. 呈体操队形，学生集体跟着教师进行模仿练习 2. 学生要反复的练习 3. 教师检查纠正错误动作 四、教师讲解练习要求 1. 学生呈二列横队 2. 全班学生根据本人体能实际情况，按照教师指定的路线进行练习 3. 要求学生不能偷懒
结束部分	整队，放松练习 小结	5分钟	教师整队、进行课后小结 ×××××××× ×××××××× △
场地 器材	田径场 室外场地		
课后小结 与反思			

训 练 篇

第六章　武术散打运动员的科学选材

第一节　遗传选材

　　运动员选材是运动训练的重要组成部分。选材和训练是培养当代优秀运动员不可缺少的两个方面。散打运动员的科学选材，就是运用科学的方法和测试手段，选拔那些先天条件优越、后天可塑性强并适合从事散打运动的人才。

　　遗传选材是依据人类遗传学中关于遗传与变异的观点提出的。主要包括遗传度选材法和皮纹选材法。

一、遗传度选材法

　　遗传度是指遗传和环境对某一性状表现所起的作用的相对比重。

　　特征：如果性状以遗传因素为主，那么其遗传度就高；如果性状以环境为主，那么其遗传度就低。

　　要求：散打运动员选材时，一定要选择遗传度高且是影响散打项目主要因素的性状。

　　例如：选材时应选择胸廓发达，神经系统灵敏，乳酸脱氢酶活性高，无氧耐力好等性状指标。实践已证明，这些指标不仅与散打运动员的运动水平有直接关系，而且其遗传度很高，以后可改变的幅度小。

二、皮纹选材法

　　皮纹指人体手指、手掌和足底皮纹表层出现的特殊纹线图形。

　　特征：皮纹具有稳定性，在胚胎发育过程中，一旦形成，基本终身不变。

　　皮纹选材法就是根据皮肤纹式与组成竞技能里各性状之间的关系，并运用这些特征和规律对备选对象的状况进行辅助测评，从而正确选拔优秀运动员的方法。

　　试验研究表明，我国优秀运动员的皮纹优势主要表现在四个方面：

　　（1）atd 角明显小；

　　（2）指纹结构复杂，双箕斗明显多；

　　（3）掌褶正常，屈肌线短的较少，通贯手不多；

　　（4）大鱼际真实花纹明显少。

第二节　年 龄 选 材

　　年龄选材是通过对人体生长发育的年龄特征、发育程度的鉴别，以及散打项目的适宜选材年龄来确定选材。

　　发育程度的鉴别常用日历年龄与生物年龄的关系，根据青春发育高潮期起始时间和持续时间的长短来判断。

　　常用的方法有：骨龄法，齿龄法，"第二性征"法。

第三节　　竞技能力选材

一、形态选材

　　形态选材是指通过定量化研究散打运动员的外部特征进行评定选材。身体形态可为运动能力、身体素质、运动技术和身体机能等方面的情况提供有价值的信息。

　　形态选材时主要测量内容：体格测量、身体成分测量和体形测量。

　　形态学指标主要包括：

　　（1）量度指标：体重；

　　（2）长度指标：身高、坐高、上肢长、下肢长；

　　（3）宽度指标：肩宽、骨盆宽；

　　（4）围度指标：胸围、上臂紧张围、上臂放松围、大腿围、小腿围；

　　（5）皮褶指标：上臂部皮褶厚度、肩胛部皮褶厚度等。

　　（6）去脂体重（又称瘦体重），也是身体形态选材的重要指标之一。运动成绩呈正相关，且去脂体重的遗传度很高（男：87％；女：78％），在选材时应特别重视。

　　我国优秀散打运动员的身体形态特征：

　　① 上下肢比例匀称，胸围、上臂围和大、小腿围度大，身体充实度高。

　　② 骨骼肌肉发达，四肢较粗壮。

　　③ 有研究表明，武英级运动员与一级运动员相比，前者胸廓较发达，骨盆较宽，体格较粗壮。

二、机能选材

　　机能选材是指通过对反映散打运动员机能的生理、生化指标测评来选拔优秀运动员的方法。

（一）生理指标测评法

1. 切心血管系统机能测评法

　　心血管系统机能测评法主要采用定量负荷实验法，如心功能指数法，台阶实验法，联合机能实验法等。

　　特征：要选拔机能动员快、机能反应相对低而稳定，且机能恢复快的运动员。

2. 呼吸系统机能测评法

呼吸系统机能测评法主要有肺活量测定法、五步肺活量测定法、最大摄氧量测定法及氧债测定法等。

（二）生化指标测评法

生化指标测评法主要包括血乳酸测试和血睾酮测试。

血乳酸作为生化测评指标的原因在于散打比赛强度大，以无氧供能为主；且血乳酸已广泛运用于无氧供能能力的评定指标，能较准确地反映无氧能力水平。

血睾酮对散打运动员选员有重要作用。血睾酮与运动能力密切相关，它对提高力量、速度、耐力素质有明显作用，血睾酮高的运动员运动能力强。因此，在散打运动员选材中，要注意那些血睾酮水平高的被选对象。

三、素质选材

素质选材就是通过对散打运动员身体素质的测评决定取舍。素质选材是散打运动员早期选材的重点。

特征：对散打运动员专项运动水平起主要作用的 4 类身体素质因素依次为：速度耐力因子、速度因子、力量灵敏因子、柔韧因子。

四、技能选材

散打技能是散打运动员合理、有效地运用技战术的能力。技能选材是运用科学诊断和经验判断，对备选散打运动员的技术和战术进行分析与评价，选择优秀运动员。

（一）技术测评法

技术测评法主要是对散打运动员的技术质量、技术容量、技术效果进行测评。

主要方法有：观察法、仪器测量法和统计法。

初级选材的测评内容为：单个技术演练、配合技术演练、打拳靶、打脚靶、打沙袋等，主要评价其技术的合理性和正确性。

中、高级选材则需在实战或比赛的情况下进行，主要评价其技术的实效性、稳定性和成功率。

（二）战术测评法

战术测评法主要对散打运动员的战术意识、战术数量、战术质量及战术效果等方面进行测评。

主要方法有：观察法和统计法。

要求：战术测评一定要在散打实战和比赛中进行。具体操作时，可以选择实战、车轮战及比赛等形式。评价的要点应集中在战术运用的针对性、可变性及有效性等方面。

五、心理选材

心理选材是指运用现代心理学的理论，从心理素质方面选拔优秀散打运动员后备人才的方法。

研究表明，运动员的心理品质在许多方面显现着遗传的性状，运动员的气质、反应、个性都在很大程度上受先天性因素的影响，后天即使能改善也很少。因此，散打运动员心理素质选材应在初选中就给予重视。

（一）运动员心理能力测评

运动员心理能力测评内容：认识能力，包括感觉、知觉、想象、思维及记忆等方面。

反映优秀散打运动员专项心理能力的测评指标有：视—动连续简单反应时、四肢选择反应时、时空判断、空间长度判断、综合反应、操作思维和距离感等。这些内容在选材时应重点测试。一般采用心理测试量表和测试工具进行测评。

（二）运动员个性心理特征测评

运动员个性心理特征主要包括性格、气质、神经类型、兴趣、能力、意志品质等方面。

其特征常用个性测试量表及运动员专项测试量表来测评。

常用的测试指标为神经类型和个性。

研究表明，优秀散打运动员神经类型大多属于灵活型或稳定型。

个性特征表现为：在个性的意志特征上，一般都好强、固执、积极、支配性和主动性较强、冒险而少顾忌，在个性的情绪特征上表现为轻松兴奋、自信心强、情绪稳定而成熟等。

六、智能选材

散打是一项斗智、较技的项目，因此，智能选材对培养优秀散打运动员有重要的意义。

研究认为，智商（IQ）下限定为 95 左右为宜。

优秀散打运动员的智能模式特征可以表述为：智商中上，善于理解与实现教练员的意图，具备独立分析对手特点与做出相应对策的思维能力。

智能选材时，一般使用韦克斯勒智力成人量表（中国修订）进行测试。

七、特征选材

特征选材是指根据特殊需要，选择具有特殊优势特征的运动员从事散打运动。

例如：

（1）在挑选小级别运动员时，应将具有小个头的遗传特征或早熟型的苗子作为选拔对象。

（2）在同一级别选材时，应注意选择左撇子运动员，这些运动员一般都习惯于右势为主的打法，而一般运动员则不习惯他们，在比赛中具有一定的优势。

进行特殊特征选材时，一定要注意这些特殊特征与综合能力相比对项目的贡献程度，只能作为辅助参考，不能作为主要选材因素。

八、专项综合能力选材

专项综合能力选材主要通过实战法进行，因为在激烈的散打对抗中，运动员的综合能力可以得到真实的发挥。

例如：

（1）从运动员控制局势的能力，可以判断其心理稳定性；

（2）从运动员的动态进攻中，可以判断其动作速度，协调能力和神经系统的灵活性；

（3）从运动员对不同对手的打法，可以判断其战术应变能力；

（4）从运动员在三局中的表现，可以判断其体能水平等。

散打专项综合能力选材，主要适应于中、高级别运动员的选材，并有重要的实践意义。

第七章　武术散打的体能训练

第一节　力量训练

力量是指人体神经肌肉系统在工作时克服或对抗阻力的能力。

散打是以击中、摔倒对方得分的多少来判定胜负，击中、摔倒对方均需要力量，具体表现在上肢拳法的打击力量、下肢腿法的打击力量、摔法的力量、承受击打的抗击力量等四个方面。

散打需要各种力量素质有较高的综合水平，而不是单一地发展某种力量素质。

一、最大力量训练

（一）通过提高中枢神经系统支配肌肉工作的能力来发展最大力量

功能：能够有效地提高最大力量却不增加肌肉体积。散打比赛按运动员的体重分级进行，增大力量而不增加体重尤为重要。

训练方法：

1. 肌肉做功张弛适度的训练

运动员在发出动作之后回收的过程中，或者动作与动作之间的间歇期，使肌肉尽量保持合理的放松，有利于肌肉迅速补充能量物质、神经调节机制得到缓冲、减缓对抗肌和协同肌的负面影响，从而使动作能够发出最大力量。

2. 肌肉做功刺激强度的训练

在训练过程中，要求运动员用最快的速度和最大的力量完成每一个动作，保证神经系统的兴奋性，保证参与工作肌肉的刺激强度，从而提高训练质量，保证运动员最大力量的增长。

3. 肌肉做功方式的训练

完成每个动作要充分调动大肌肉群做功，否则，不利于充分调动全身能调动的主动肌、协同肌参与收缩做功。

例如：

（1）蹬腿。大腿要尽量屈膝回收并推动小腿向前，而不是小腿带动大腿向前。

（2）冲拳。不能只让上肢肌群做功，必须利用腿部和腰部的力量。

4. 肌肉做功增长距离的训练

力量大小与肌肉做功的距离有关。在不产生动作预兆的前提下，应尽量增长击打距离。增长距离主要靠步法的调整和身体姿势的调整。

5. 动作击打力点准确的训练

在平时训练中，要保证击打的部位与动作力量最高值的力点恰到好处，以充分发挥击打力量。

6. 以气催力增大力量的训练

使呼气与击打动作协调一致，以增大击打力量。

（二）通过增加肌肉横断面积来提高最大力量

1. 最大力量训练的要素

肌肉工作的方式：散打运动员发展最大力量，应以克制性和退让性的动力性工作方式为主，辅之静力性工作方式。静力性练习是发展最大力量的有效手段之一，但在高水平运动员训练时，静力性练习量宜控制在最大力量练习总量的 10％以下。

阻力的大小：克服阻力的大小是最大力量训练的要素之一。克制性力量练习可在最大力量能力的 50％～100％范围内变化；退让性力量训练可在 70％～80％至 120％～130％范围内变动；改善肌肉协调应采用极限负荷和次极限负荷；肌间协调的改善应选择极限重量的 50％～60％。选择增大肌肉体积来发展最大力量时，采用的练习强度约为极限体重的 75％～90％。这种负荷重量可以使每组力量练习的肌肉工作强度与每组重复次数达到最佳组合。对于高水平运动员，静力性力量练习的重要只有达到极限重量的 70％以上才会产生较好的训练效果，达到极限重量的 90％～100％才能获得最佳训练效果。

练习动作的速度：无论采用哪种方法发展最大力量，都必须保持较慢的动作速度。原因：

（1）动作速度过快会使练习效果向发展速度力量的方向转移。

（2）在进行向心力量练习时，如果动作速度太快，力量的最大发挥或接近最大的发挥只能出现在动作的开始阶段，而肌肉工作的其他阶段因器械的惯性作用却不能获得应有的负荷。采用改善神经调节机制途径发展最大力量，中等动作速度的练习效果最佳，每个动作的速度为 1.5～2.5 秒钟。为防止因慢速的最大力量练习而导致肌肉快速收缩能力的降低，要把慢速的最大力量练习与速度练习结合起来。

2. 完成每组练习的时间

改善肌肉协调的最大力量练习，通常每组练习的重复 2～6 次，完成一组练习约需 3～15秒钟；

改善肌间协调的最大力量练习，每组重复次数可达 15～20 次，每组所需时间约为 23～50秒钟；

若以增大肌肉体积提高最大力量时，则每组重复次数为 6～12 次的效果最好，一组练习需 18～60 秒钟。

3. 组间休息的时间

必须保证运动员无氧非乳酸能源和机体工作能力的基本恢复。发展最大力量的组间间歇较长，一般为 2～6 分钟。

4. 练习的组数

改进肌内协调和肌间协调的最大力量练习，其重复练习组数为 2～6 组；

增大肌肉体积的最大力量练习，其练习组数为 3～10 组。

二、发展最大力量的常用方法

（一）重复法

特点是负荷大小随肌肉力量的增大而逐渐增加。

负荷特点：负荷强度为 75%～95%，每组重复 3～6 次，组数为 6～8 组，每组间歇 3 分钟。

运用：此法适用于训练的各个时期和阶段，有利于改进用力的协调性，能迅速而有效地提高肌肉力量。

（二）强度法

强度法的特点是采用最大负荷安排。练习时逐渐达到用力极限，然后继续用中上强度的负荷量，直到机体对刺激产生劣性反映为止。

负荷特点：负荷强度为 85%～100%，每组重复 1～3 次，组数为 6～10 组，每组间歇 3 分钟。

运用：此法特别适合高水平散打运动员运用，它有利于最大力量和相对力量的提高，却不增大肌肉的体积，不增加体重。但采用这种方法需要较好的体力和心理准备，还需有丰富的营养和良好的恢复手段作保证。

（三）阶梯式训练法

阶梯式训练法的特点是突出极限强度，几乎每周、每天和每个练习都要求接近、达到甚至超过本人当天最高水平。经过一段时间训练，当运动员能够在原最大力量能力的重量上成功完成两次时，就可以增加新的重量。每级阶梯的训练时间为 2 周。如果运动员不能承受新的负荷，则退回到原来的阶梯训练 2～3 天后，再继续增量。

负荷特征：

（1）以 90% 强度练习 3 组，每组重复 2 次，每组间歇 3 分钟；

（2）以 97.5% 强度练习 2 组，每组重复 2 次，间歇 3 分钟；

（3）以 100% 强度练习 2 组，每组重复 1 次，间歇 3 分钟；

（4）以 100% 以上强度练习 1～2 组，每组次数 1 次，间歇 3 分钟。

（四）极限法

极限法的特点是进行极限数量的动作重复，直到实在练习不动为止。

负荷特征：负荷强度为 50%～75%，每组重复 10～12 次，组数为 3～5 组，间歇 3～5 分钟。

功能：此方法对机体施加了全面、深刻的结构性（肌纤维增粗）和机能性（心血管系统）的影响，是一种能得到肌肉内协调和肌纤维体积双重训练效应方法。

（五）静力法

静力法的特点是用较大重量的负荷并以递增重量的方式进行练习。

负荷特征：负荷强度为 90% 以上，每组持续 3～6 秒钟，组数为 4 组，每组间歇 3～4 分钟。

第二节　速度力量训练

一、速度力量训练的原理

决定速度力量发展水平的主要因素是肌肉协调、肌间协调和运动单位的快速收缩能力。

（1）散打中的摔法，要求在克服较大阻力的情况下表现出高度发展的速度力量。此时，肌肉的体积具有较大的作用。

（2）运动员在比赛中使用拳法和腿法，需要多次发挥出速度力量。此时，起主要作用的不是肌肉体积而是肌内和肌间协调以及肌纤维的快速收缩能力。

二、速度力量训练的要素

（1）肌肉工作的方式：发展速度力量主要采用动力性的工作方式，包括克制性的、退让性的等动和超长的工作方式。

（2）阻力的大小：对于提高摔法运用的速度力量，可用最大力量能力的 30％～50％；重点发展爆发力时，阻力的量要大一些；提高起动力量时，阻力则要小些。

（3）练习动作的速度：训练的主要目的是提高爆发力，可采用次极限速度；训练目的是提高出拳、出腿的速度力量，可采用等动练习法，则力求在 15° 每秒以上的角度条件下完成动作。

（4）完成单个练习的时间：每个练习的持续时间应该保证在不降低动作速度和不出现疲劳状态的情况下完成动作，通常每组练习的重复次数可在一次到五六次之间波动。每组练习中工作的持续时间大约在 3～4 秒钟至 10～15 秒钟之间。

具体持续时间的长短取决于练习的性质、阻力的大小、训练的水平和练习的结构等等。

（5）组间间歇：组间休息必须保证机体工作能力的恢复和非乳酸能氧债的清除。

短时性练习（10 秒左右），间歇时间为 30～40 秒；

时间较长的练习（1～3 分钟），间歇时间为 2～3 分钟。

如果间歇上较短，可采取积极性休息，也可辅以自我按摩。

（6）练习的组数：练习的组数应根据练习的性质和强度的大小来确定。一次课练习的组数应在 2～6 组范围内，当负荷强度为 30％～50％时，练习的组数以 5 组为宜。

三、发展速度力量的训练方法

采用极限重量的 60％～80％以极限速度进行练习，每组 3～5 次，完成 3～4 组，间歇 4～5 分钟。

采用极限重量的 30％～50％，以极限速度重复 7 次，完成 5 组，间歇 3～5 分钟。

各种快速跳跃，每组 10～15 次，完成 3～5 组，间歇 5 分钟。

第三节　力量耐力训练

一、力量耐力训练方法的原理

力量耐力是指在规定时间内反复完成比赛动作所要求的高水平的肌肉收缩能力。

例如：

（1）多次重复的拳、腿练习，应力求表现高水平的起动力量和爆发力。

（2）多次重复的摔假人或摔法练习，应发挥最大力量和爆发力。

二、力量耐力训练的方法学要素

（一）负荷强度

（1）提高拳法和腿法的力量耐力练习，阻力略超出比赛活动阻力的 5％～10％；

（2）提高摔法的力量耐力练习中，可超出比赛活动阻力的 10％～30％。发展最大力量耐力，可采用 60％～80％的重量；

（3）发展速度力量耐力，可采用 40％～60％的重量；发展静力性力量耐力，可采用 70％～100％的重量。

（二）练习的持续时间

（1）提高出拳、出腿力量耐力的练习时间为 30～60 秒；

（2）摔法的练习时间为 30 秒～2 分钟。

（三）练习的间歇时间

（1）发展出拳、出腿的力量耐力练习，若持续时间为 30～60 秒，间歇时间为短于练习时间 5～10 秒；

（2）若练习时间较长，间歇时间也相应延长。

（四）练习的速率

动作速率应尽可能与比赛活动的速率一致。

（五）练习重复次数与组数

（1）发展最大力量耐力的重复总次数可达 60～100 次，练习 3～5 组；

（2）发展速度力量耐力的重复总次数可达 100～200 次，练习 3～6 组。

三、发展力量耐力的训练方法

（一）循环力量训练法

运用各种力量训练方法学的参数，选择若干练习手段，组成各练习"站"并以循环方式进行练习。

散打力量耐力的循环练习通常采用 4～8 个练习，每组循环重复 3～4 次，总持续时间 20～30 分钟。

采用 40％～60％负荷强度，每组完成 10～20 次，进行 3～5 组，组间间歇 3～90 秒钟。

采用 25％～40％的负荷强度，以快速的动作节奏完成练习，每组重复 30 次以上，完成 4～6 组，组间间歇 30～60 秒钟。

（二）重复训练法

采用低强度负荷的专项手段，如持哑铃的拳法练习、轻负荷的腿法练习、步法练习和单支撑连续高抬腿等。

每组重复 20～40 次，间歇 60～90 秒钟，完成 3～5 组。

第四节　速度训练

"快打慢"是散打运动的一项客观规律，因此，运动员的速度能力在散打比赛实战中起着至关重要的作用。散打专项运动员所需要的智能、技能甚至于体能，在某种意义上来讲，都是以速度为中心，以不同的速度形式表现出来。速度能力决定着散打技战术运用和发挥的成效。

一、速度在散打中的表现形式

（一）反应速度

包括简单反应速度和复杂反应速度。简单反应速度是运动员对特定动作或信号做出反应的快慢；复杂反应速度是对对手动作的变化做出相应动作的反应快慢能力。

（二）动作速度

动作速度是指运动员身体完成单个动作的时间长短，即散打运动员出拳或出腿的动作速度。散打比赛对运动员的动作速度能力要求很高，先发制人和后发制人及防守反击，都需要很好的动作速度能力。

（三）动作频率

是指单位时间内完成动作数量的能力。散打要求以最短时间完成一套动作组合，发挥最大动作频率。

（四）位移速度

是指单位时间内身体快速移动能力。

二、速度训练的方法学要素

（一）练习强度

练习强度的选择和安排必须使运动员机体产生适应性的变化。练习强度合理，有助于速度能力的适应性变化。博姆帕认为，为了有效地提高速度能力，练习强度应在次最大强度和最大强度之间。普拉托诺夫进一步认为，运动员以最大速度能力的90％～100％完成较短时间的运动，有利于提高速度能力。低于这种速度，会大幅度降低训练效果。

（二）练习的持续时间和练习量

反应速度练习和配对反应练习的持续时间，只要运动员处于适宜的兴奋状态，练习就可继续进行。

训练实践中，做30～60秒钟的拳、腿法速度性组合练习，保持极限强度和次极限强度动作的状态。

练习量的控制以保持最大速度能力为准则。当疲劳出现、不能继续保持最大速度时，应停止练习或转向其他内容的训练。

（三）组间休息

散打速度性成组练习之间的休息时间一般为2～3分钟，休息时间过长会导致中枢神经系统的兴奋性降低。

三、速度训练方法

（一）重复反应法

此法主要用于提高运动员的简单反应。

例如：

（1）"报号击靶"，运动员根据教练员报号的位置，分别击打不同的靶位。

（2）"反应靶"，教练员预先规定好出靶的位置和靶面以及相应击打的动作，反复亮靶引起运动员对刺激的反应。

（二）视觉反应法

此法主要用于提高观察对手动作变化的反应能力和选择反应能力。

视觉反应法可分以下步骤进行：

（1）通过配合练习，观察队友出拳、出腿方法，判断队友出动作的方向、路线、高度和击打位置，提高预判能力。

（2）对队友发出的某一动作做出一至两个常规的反应动作或反击动作。

（3）随着常规反应动作的熟练，不断增加新的反应动作练习，从而使运动员掌握对某一进攻动作做出正确防守和反击的各种攻防技能。

（三）重复训练法

此法是提高散打运动员动作速度和频率的基本方法，也用于改善技术动作，形成动力定型。

要求：运用此法进行速度训练时，应充分调动练习的积极性，以最快速度完成动作。

（四）变速训练法

是一种有节奏地变换速度练习强度的训练方法。

功能：它既可打破极限强度训练的单一化，又利于轻松省力地完成动作，是提高速度能力和预防"速度障碍"的有效训练方法。

（五）预先激发运动能力

主要采用以下三种方法：一是预先爆发性用力刺激；二是递减阻力训练，三是声响节奏导引训练。

第五节　耐力训练

耐力是指人体长时间抗疲劳以及疲劳后迅速恢复的能力。耐力素质对散打项目十分重要，是保证运动员技战术充分发挥的前提。

一、耐力素质的训练成分

包括有氧耐力和无氧耐力训练。

（一）有氧耐力

有氧耐力是机体在有氧供能状态下持续工作的能力。高水平的有氧耐力有助于运动员承受大运动量负荷，且训练和比赛中间及结束后的快速恢复。

（二）无氧耐力

无氧耐力是机体在缺氧状态下持续工作的能力。无氧耐力训练能有效地提高磷酸供能和乳酸供能的能力，提高机体对酸性物质的耐受能力。

二、耐力素质训练的方法学要素

（一）训练强度

发展有氧耐力的强度一般不超过最大速度能力的70％，运动心率可控制在140～165

次/分之间，运动心率低于 130 次/分的负荷刺激，不能有效地发展有氧耐力。

发展无氧耐力的强度，以最大能力的 90%～95% 的强度为主，也可采用以次最大强度至最大强度的各种负荷强度。

（二）持续时间

有氧耐力训练的持续时间变化范围较大，视训练阶段、训练水平和专项需要程度来安排，原则上必少于 20～25 分钟。

高强度、高密度和短间歇的无氧耐力训练，练习的持续时间约为 10～30 秒钟。

次最大强度的持续性无氧练习的持续时间为 1～3 分钟。

（三）间歇时间

有氧耐力训练的间歇时间不宜过长，过长会引起后续训练机能能力的降低。可用心率控制间歇时间，当心率下降到 120 次/分时，开始下次练习。

大强度的无氧练习，在每组练习之间应安排较长的休息时间（3～5 分钟），以保证经训练堆积的乳酸得以氧化，使运动员在基本恢复时开始下一次练习。

三、耐力素质训练方法

（一）提高有氧耐力的训练方法

（1）长时间有氧能力的训练方法

持续练习时间较长，一般安排为 20～30 分钟，心率指标约为每分钟 150 次。

功能：用于提高心脏保持机能活动水平不变的持续活动能力，发展运动员有氧代谢系统的供能能力，是发展一般耐力的最有效的运动形式。

（2）短时持续训练方法：持续时间约为 5～10 分钟，心率指标控制在每分钟 160 次左右，完成 2～3 组，组间间歇时间充分。

功能：利于发展有氧状态下的供能能力。

例如：以原地跳跃配合全身各部位运用动作的有氧健身操和跳绳，不仅能有效地提高有氧运动的强度，而且能提高运动员的节奏感、协调性和步法的灵活性。

（3）有氧间歇训练方法：练习的负荷时间约为 6～10 分钟，符合强度的运动心率指标为 170 次/分左右，组数较少，间歇充分。

功能：主要用于发展运动员有氧代谢系统的工作能力。

例如：间歇跑 1000～1500 米。

（二）提高无氧耐力的方法

（1）极强性间歇跑：负荷时间通常在 10～60 秒钟内，心率指标可达到 180 次/分。

例如：60～100 米的间歇跑、100～400 米的间歇跑。

功能：用于提高非乳酸能和乳酸能系统混合供能能力和提高速度耐力。

（2）强化性间歇训练方法：负荷时间通常在 60～120 秒钟，心率指标 170～180 次/分，练习数组，间歇时间不充分，待心率降至每分钟 130 次左右，即可进行下一组（次）的练习。

例如：拳法、腿法和拳、腿法组合击打沙包的练习。

功能：用于发展乳酸能系统的供能能力和提高在无氧供能状态下技术动作的稳定性和实效性。

（三）提高体力的方法

（1）12分钟跑：要求在12分钟内达到2800～3000米距离，随着训练水平的提高，逐步增加距离。

（2）变化强度跑：采用快跑20～40米，接着进入40～60米的慢跑，如此重复6～10次，完成2～3组，组间充分休息或不充分恢复。

（3）比赛特征的模拟练习：模拟散打每局比赛的时间特征、运动强度变化特征和运动形式特征，设计空击或击打、摔的组合练习，以提高机体对散打比赛供能机制和运动强度等特定条件的适应。练习3～5分钟，重复3～4组，间歇1～3分钟。

（4）高强度、高密度、多重复、短间歇的专项对抗练习：越是激烈的对抗练习，越能发展散打比赛所需的体能。但间歇应以保证机体的充分恢复，并注意采取必要的防护措施。

散打比赛既要求运动员有很高的有氧能力，也要求高水平的无氧能力，因此，必须采用多种训练方法，全面提高机体的耐力水平。在全年的训练安排上，要分阶段、系统和有侧重地进行各种耐力训练，以保证获得最佳的训练效果。

第六节　柔韧训练

一、柔韧训练的方法学要素

（一）强度

柔韧训练的强度，表现在运动员拉伸肌肉、韧带时用力的程度和负重量的大小。

（二）练习量

每组练习一般重复10～12次，摆动动作每组练习的持续时间一般不超过20秒，静力性拉伸可持续2～3秒，少年运动员的练习量应比成年运动员少50％～70％。

（三）动作速度

拉伸练习可用缓慢的速度，也可快速。慢速的拉伸能有意识地放松对抗肌，训练效果好；急速的拉伸则体现了散打专项的特点。两者应有机结合起来。

（四）间歇时间

间歇时间以保证运动员在完全恢复的条件下进行下一组的练习为原则。

二、柔韧训练的基本方法

（1）有动力性拉伸法和静力性拉伸法：动力性拉伸法是有节奏的多次重复同一动作的拉伸练习。静力性拉伸法是通过有节奏的、缓慢的动作将肌肉等软组织拉长，当拉长到一定程度时保持静止不动。

（2）动力性拉伸法和静力性拉伸法分别有主动和被动训练两种方式。主动训练是运动员靠自己的力量完成拉伸练习。被动训练是运动员在外力（同伴、器械、负重等）帮助下完成的拉伸练习。

柔韧训练中应将动力与静力、主动与被动训练相结合，提高柔韧训练质量。

第七节　抗击力训练

抗击力是指人体对外界击打的承受能力。散打是一项身体之间直接对抗的项目，因此对抗击打能力有较高的要求。

一、抗击力训练方法

（一）拍打训练

（1）自我拍打：徒手或利用特制的器械对自己身体各部位进行拍打或撞击。

（2）相互拍打：与同伴进行相互拍打或撞击身体相关部位。

（二）跌法训练

运用合理的倒地技术，加强摔跌训练，以增强抗震能力。

（三）攻防训练

限定一方防守，另一方用拳、腿、摔等技术进行针对性或随意性进攻，以提高抗击力和应变能力。

二、抗击力训练注意事项

抗击力训练需注意：循序渐进，全面击打，持之以恒，有针对性，注意恢复。

第八节　恢复训练

散打运动是以踢、打、摔等技术徒手对抗的项目，对抗激烈易受伤、运动负荷大、易疲劳，因此，散打训练中要安排恢复训练。

恢复训练是指使用合理的恢复手段及方法加快队员体力和精神疲劳的消除，修复运动创伤、恢复和提高机体的活力，为散打技能的提高打下基础。

一、恢复训练的意义

以往散打训练重视技战术的训练研究，而对散打训练中的恢复训练认识不足。训练结束后的恢复基本是顺其自然，自行恢复，消极对待，造成负荷过大，长期积压，疲劳、伤痛不能解除，技能无法提高，身体反被练坏，因此，散打训练中科学安排负荷与恢复的关系意义重大。

散打训练是身体通过紧张、激烈的拳打、脚踢实现的。体内能量物质必然消耗减少，产生疲劳，机体水平下降，根据运动训练学讲的恢复和超量恢复原理。训练结束后，身体必须得到恢复和超量恢复，使机体水平得到巩固提高，为下次运动训练创造物质基础。散打训练不但会产生疲劳还会产生运动损伤，如果不注意恢复训练，致使疲劳积累，受伤的肌肉、关节等得不到恢复、治疗，就会使疾病加重。许多散打运动员带病参赛，赛后伤情加重，造成身体素质和技术水平下降。如果在训练时采用一些恢复手段，如按摩、电疗等方法，使紧张的肌肉得到放松，加速排除代谢产物，消除局部的伤痛，运动寿命就会延长，技能就会提高。因此，要科学地掌握好训练和恢复的关系，使运动员技术水平能稳步上升。

二、恢复训练的方法

（一）技能训练中的恢复训练

散打训练的恢复练习不只在训练结束后进行，实际在训练过程中就已开始，按照每次训练的目的，根据运动负荷的强度以及运动员自身恢复能力来安排休息时间的长短和放松的方式。

专项素质训练的恢复。例如，专项速度训练，安排快速打拳、踢腿等若干组，每组10次到20次，每组休息10秒到30秒，恢复训练方法可采用原地放松跳、徒手操、慢跑。这样训练每组尽快恢复，保持精神饱满的状态。如果训练数加一倍，每组训练后恢复休息加长至1分钟。

适应比赛激烈程度的恢复训练。为了适应激烈的散打比赛，避免在比赛中恢复调整体力的时间长，被对方的连续攻击打败。训练时采用大密度、高强度的训练，以打沙袋为例，快速打击沙袋10次、20次、30次、40次，组间恢复休息时间很短，运动员脉搏还未调整好马上投入第二组训练，连续4～8组，然后再做较长时间的调整恢复，这种训练长期下去能使运动员在激烈的打击中快速调整体力，按照比赛，在高强度、大密度的训练之后，必须积极采用慢速跑，做徒手操等恢复手段，以促进血乳酸的排除。

在训练中做一些轻松、愉快、富有节奏感的韵律操或听一些音乐对减轻和消除运动员精神疲劳是有益的，训练结束，放松练习后还可以跳一刻钟左右的迪斯科舞或者配合音乐做一些散打动作，这样会使运动员精神愉快地随着音乐消除精神和身体的疲劳。

（二）技能训练后的恢复训练

在恢复训练手段及方法中，除积极主动的放松练习外，合理的、充足的睡眠也是重要的，人在运动时神经系统处于兴奋状态，通过休息，使兴奋与抑制趋向平衡，通过睡眠使大脑皮层绝大部分处于抑制状态，指挥全身的"信号"减弱或中断，从而使机体进入休息状态。睡眠的作用还在于摆脱运动员精神上的不良反应。从某种意义上讲，睡眠是"精神源泉"，是恢复训练的重要手段。

运动员体力的恢复和提高与合理的饮食搭配也有重要联系，有利于运动员身体生长发育，又有利于运动员技能的提高。运动员运动强度大、代谢快，营养要跟上，次数要增加，每次进食要等到剧烈运动恢复后，不能立刻进食，比赛前，要控制体重，合理补充营养，增强体质，保持旺盛的竞技状态。

医学治疗对运动员创伤的恢复也是重要的手段和常用的方法。

按摩：通过按摩改善局部的血液循环，加速肌肉中乳酸等物质的消除，使机体代谢加快，特别是氧代过程更加积极。按摩还可以减轻肌肉负荷后的紧张度，消除肌肉硬化现象，从而消除疲劳，加速恢复。

烤电：对消除肌肉疲劳起积极作用，尤其是对扭挫伤、关节炎、肌肉组织水肿有很好的疗效，能较快解除病情，恢复机体功能。

温水浴：促进血液循环，使肌肉紧张得到缓解，达到消除疲劳的目的。温水浴对心脏和神经系统具有镇静作用。

恢复训练随着散打运动的普及和比赛的增多，而越来越受到教练员和运动员的重视。为了提高运动水平，促进运动员身心健康发展和技能提高，有必要逐渐改进和完善恢复训练的手段和方法，使其更加科学地为散打运动服务。

第八章　武术散打的技术训练

第一节　技术训练概述

武术散打技术的总体要求可以归纳为快、长、重、准、稳、无、活、巧八个字。

一、快

快，是指完成动作快。拳谚说"快打慢"、"拳似流星"、"发腿如射箭"，只有快速地出击，才能达到"先发先中"和"后发先中"的打击效果。快表现在反应快、动作快和位移快三个方面。

（1）反应快，即从观察、判断到操作动作，思维迅速敏捷。主动进攻时注意寻找战机、制造战机，利用时间空当、动作空当，快速出击。防守反击时，对方欲动就能准确地知道他要发出什么动作，从而进行防守或防守反击，迅速转换战机。

（2）动作快，即动作从开始启动到击中目标，尽量在最短的时间内完成。在使用拳法、腿法、摔法和各种组合连招时，在保证质量的情况下，完成动作的速度与转换动作的速率要快。

（3）位移快，即身体的移动要迅速。散打的击打动作是在不断移动的状态中进行的，身体姿势状态移动的方向、距离、角度、位置要恰到好处，这是保证攻击动作效果的前提条件。身体位移主要是通过步法实现的。所谓"步不稳则拳乱，步不快则拳慢"讲的就是这个道理。

二、长

长，是指完成进攻动作时，要具有伸展性。进攻性的动作，在重心、支点稳固的前提下，需要参与活动的各个关节尽量伸展，向前协调运动，这样既扩大了自己"火力点"的射程范围，又增加了对方发出动作的难度，这就是"一寸长，一寸强"的道理。

在技术训练过程中，不管是做空击练习，还是做打沙包、手靶、脚靶练习，都要求放长击远，形成良好的动力定型。

三、重

重，是完成动作力量方面的技术要求。中国武术散打比较讲究"以巧制胜"、"以巧制力"，提倡技术型的打法。但是，这和动作需功力并不矛盾。巧，是以整体技术运用的能力而言；重，是对单个动作的力量而言。

散打比赛实践证明，片面追求功力，不全面掌握散打技术不行；掌握了散打技术，动作没有功力也不行。巧与力各有各的功能，它们不是互相对立的，而是互相统一的。

散打动作需要力量，在技术上要求其根在脚，转换于髋腰，达于拳脚，充分发挥自身的整体合力。在力的表现形式上，要求爆发力和聚合力，力戒僵力。

四、准

准，是指动作的力点、参与运动的肌肉收缩是否准确。力点是击中对方的接触点，不同的动作有不同的力点要求，力点不准，不但影响动作的有效性，而且容易受伤。

任何动作都是以骨骼为杠杆、肌肉为动力完成的，每一个动作，参与动作的主动肌、被动肌和协同肌的收缩力都要求准确，该用力的肌肉用力，不该用力的肌肉不用力，做到机能节省化，并配合正确的呼吸方法，以气摧力，做到准确无误。

五、稳

稳，是指完成动作需要稳定。在激烈的对抗搏击中，保持身体的稳定，必须考虑三个方面的因素。

（1）作用力和反作用力。作用力越大，反作用力越大，身体的重心不稳定，不利于控制反作用力。

（2）动作击中对方后遇到阻力，需迅速调整姿势状态和稳固重心，为发起下一个攻击或防守动作做准备。

（3）散打技术虽然有"长"、"重"的技术要求，但必须在保持身体重心稳固的前提下进行，并尽量避免偏移身体重心，以免给对方造成"四两拨千斤"和"顺手牵羊"的机会。

六、无

无，是指动作的隐蔽性、突发性和没有任何预兆。所谓预兆，是指无意识地预先暴露进攻意图的附加动作，这是散打运动员比较容易产生的错误。

常见的预兆动作有发力前的龇牙咧嘴、怒目瞪眉、呵呵发声，以及出拳击腿时先回收的习惯等。即将发出动作之前，任何"欲动"都可能提示对方进行防范。因此学习散打技术之初，应尽力克服出现预兆，以免形成错误的动作习惯。

七、活

活，是指动作与动作之间的快速灵活转换。要实现动作的灵活转换，一定要保持正确的身体姿势，脚跟要微微提起，以保持弹性，便于移动；四肢肌肉适度放松，不要僵滞，便于快速启动；身体重心处于两腿之间，便于转换动作；下颌微收，头不偏不倚，中正安舒，便于大脑发挥完成动作的操作思维。

活的技术要求，还涉及运动员动作的操作能力、步法移动的范围、技术动作的容量和转换动作的能力等。

八、巧

巧，是指运用技术时要方法巧妙。散打单个动作各有各的作用，散打技术每一个动作本身并没有巧妙与否之分，但由于散打运动具有技击的完整性和随机应变的技术特点，因而为散打动作相生相克的巧妙运用提供了广阔的空间和丰富的内涵。

俗话说"巧制力"、"巧制快"、"以巧取胜"。在运用散打技术的过程中，要充分发挥散打动作相生相克的功能，充分利用各种战机，并使用相应的方法，顺其力而破之，做到以最小的消耗得到最大效果。

第二节　散打技术训练的原则及要求

随着散打运动的发展，比赛中运动员的技术水平和身体训练水平日趋接近，比赛也更加激烈。那么，如何在赛场中获胜呢？散打技术训练都有什么原则和要求呢？

要想在激烈的赛场中取胜，不仅要有娴熟的技术、良好的身体素质，还要有恰当的战术、良好的心理素质等。所有这些都对运动员的综合素质有很高的要求，同时也对我们的训练提出了一个更为严峻的课题：什么样的训练才能更好地发挥人体的最佳效益？什么样的训练才算是科学合理的呢？

一、散打训练原则和要求

在进行散打训练时除了要遵循系统训练、周期安排、适宜负荷、区别对待、适时恢复等一般的训练学原则，遵循运动训练学的普遍规律外，还要根据项目的自身特点进行有针对性的训练。

（一）动作规范　以点带面

散打技法丰富，在实战中更是变化多端。但是无论多么复杂的动作都离不开良好的基本技术动作。只有具备扎实的动作基础，才可能在实战中发挥自如。

散打技击突出表现在对时间和空间的激烈争夺上。散打的每一个技术运用都离不开对时间差和距离感的良好把握，通过单个的技术学习可以体会散打中其他技术动作的运用规律。不仅如此，散打中每一个动作运用绝不是孤立的，它往往结合其他技术动作来实施，动作的运用离不开一定的战术，因此单个技术也绝对不是孤立的，通过每一个动作的学习我们不仅可以对散打的基本规律有一定的了解，还可以对其他技术有相应的认识，达到触类旁通的效果。

（二）双人练习　强调实战

散打是二人的对抗性运动，在平时的练习中，要根据具体情况进行有针对性的配合，不断提高技术的运用能力。尤其值得我们注意的是，散打是以克敌制胜为主要目标的，无论技术还是战术的运用都应当从实战出发，围绕实战进行。

（三）处理好量和强度的关系

不同的训练阶段、不同的技术训练应有区别。尤其到了高水平阶段，要把强度和运动量有机结合起来。

（四）训练手段强调个体化

根据不同级别、不同技术风格的选手进行有针对性的训练，如技术训练围绕技术特点，体能围绕选手机能潜力、心理训练进一步物化，专门的力量训练，专门的准备和恢复措施，早期更高的专项化训练等。

二、散打战术训练

散打战术，是根据比赛双方的各种具体情况，为战胜对手而采取的计策和方法。那么，散打战术训练的原则和方法都有哪些呢？

散打的战术训练，首先应该确立正确的战术指导思想，遵循散打技术的规律和竞赛规则，注重实用性和灵巧性。正确运用战术的基础是必须掌握战术原则、战术形式和发挥战术作用的条件。良好的战术意识应体现为在复杂多变的条件下，能够积极观察场上情况，随机应变，快速准确地决定自己的战术行动，占据场上的主动权。另外，战术意识还反映在行动的预见性、动作的隐蔽性、配合的一致性、战术的灵活性等几方面。

第三节 散打技术训练的方法

一、慢速、快速重复练习

慢速重复练习适用于运动员学习新的动作。运动员学习新动作时要对动作的规格，如身体的姿势、重心的高低、手臂的位置、步法的移动、腿的动作路线、击打部位、结束姿势等有明确的要求。这将直接影响练习者以后对其他技术的掌握。经教练员的讲解、示范或自学后，一般不要立即快速练习，而要采用慢速度模仿练习，复杂动作还应分解练习。此时不应过分追求动作的击打力量、速度，应仔细揣摩动作的发力点、路线和动作要领，一个动作不要在一次性练习中过多地重复次数，要少次数、多组数。如可将 5 组 10 次的练习改换成 10 组 5 次，这样即使动作错了也可以避免重复过多的次数，同时也可以避免运动员感到枯燥。在组数之间，应让教练和同伴进行指导，或面对镜子，边练边检查，不断地重复正确的动作。

快速重复练习则适用于运动员练习绝招技术，运动员在技战术已达到自动化的程度时一般要根据自身特点，选择几种在比赛中常用的绝招技术并反复进行强化，此时就需要运动员以最快速度进行重复练习。

二、结合身法和步法练习

经过慢速重复性练习基本学会动作后，应根据实战的需要结合相应的身法和步法进行练习，使技术与实战紧密联系。如练习鞭腿技术时，可以练习向前滑一步后再进行鞭腿的练习。或是后滑一步再练习鞭腿，或是要求先用身体晃动引动对方。这样可以使运动员避免枯燥的单纯的步法练习，又可以较快地和实战结合起来。

三、意念实战练习

运动员掌握了一些基本的技战术后，在自己单独练习时，应假设是在实战中有对手在与自己对抗，对手采用各种战术和技术进攻自己或防守自己的各种进攻技术，自己则从实战出发，选择几组进攻和防守反击的方法，想象在使用一种腿法进攻或反击时会遇到哪些情况，遇到不同的情况自己要选择何种腿法、拳法、摔法来进攻或防守。比如，当自己用后手直拳进攻对手时，对手后滑防守时自己该用什么技术攻击对手而得分。

四、空击的攻防练习

由于散打是两人的直接对抗，为减少不必要的受伤情况发生，在训练中要求两人一组，一方主动进攻，另一方防守反击，或是两人按照比赛的要求进行互不接触的实战，也就是常说的点到为止。这种练习方法可以消除初学者的害怕心理，而且能够预防运动损伤。但在进行空击时，应要求：

（1）练习者学会保持在适当的距离，不要太远或太近。

（2）要求运动员在运动中做出动作。

（3）由于不能真正击打，运动员往往会敢于进攻，而容易忽视实际的攻防转换，因此要防止胡踢乱踢，要仔细揣摩步法和抓住击打的距离、时机、角度并借鉴对方的长处。

五、固定靶的练习

固定靶是利用沙袋、大脚靶、多层护具等器材作为击打目标的练习。练习的目的不同，方法亦不同。如要求提高动作速度和击打力度，练习者要快速完成一定时间内某一动作；若只要求提高练习者的动作频率和耐力，则应规定时间和组、次数的要求。另外按照比赛中常用的组合技术布置几组固定组合靶的练习，如3～5名同伴手持不同高度、不同放置角度的手靶、脚靶，站立在一条直线上或不同方向上，由练习者依次击靶。

六、配合"喂招"的练习

散打训练非常重视并经常采用手靶或脚靶、护具的喂招练习。要求配合者手持手靶或脚靶，配合练习者进行技术练习，如将脚靶放置得与胸齐平，让练习者侧踹；将脚靶放置得与头部齐平，让练习者练习高鞭腿踢击头动作。护具喂招则是配合者身穿护具，用身体的移动配合练习者的进攻和防守，如配合者上步欲要用鞭腿进攻，练习者则使用接腿摔反击。这种练习不但能够有效地提高练习者进攻和防守反击的动作质量，还可以提高练习者击打的准确性、步法的灵活性、良好的距离感和时机感等。

七、条件实战练习

条件实战练习是对实战提出要求，限制一些腿法进行实战的一种方法。这种练习方法经常在散打训练中被采用。如要求双方队员在一个回合中只能用左右直拳进攻和用左手摆拳反击；一方只能用低鞭踢和踹腿进攻，而另一方只能用后手直拳和截腿摔法反击，不准主动进攻等。这种方法的优点是针对性强，能有效地训练和提高运动员的某一方面的能力。条件实战一般包括以下几个方面：

（1）同伴配合，创造时机和姿势以便进攻者完成进攻战术。

（2）同伴配合，创造时机和姿势以便进攻者完成防守战术。

（3）同伴配合，创造时机和姿势以便进攻者完成防守反击战术。

（4）同伴配合，不创造时机和完成技术的便利姿势，进攻者用自己的行动创造机会完成进攻战术或防守战术或防守反击战术。

（5）同伴配合，同时积极地防守，但不全力防守，进攻者完成进攻战术或防守战术或防守反击战术。

（6）双方运动员进行实战，一方进攻，一方反攻。

（7）双方运动员进行实战，限制一方运动员的进攻技术。

（8）双方运动员进行实战，限制一方运动员的防守技术。

（9）双方运动员进行实战，限制一方运动员的防守反击技术。

八、实战练习

运动员掌握并熟练了散打的技战术后，要按照规则进行不断的实战，逐步提高技战术的应用能力。要在对抗中，（在与比赛要求一致的情况下）将技战术使用出来，这样才能在实际比赛中达到利用技战术和其他方面的因素战胜对手，获取比赛胜利的目的。实战的时间可以根据训练的目的进行安排，如30秒钟实战，则主要让双方运动员在短时间内学会抓住时机尽可能地多进攻并得分，5分钟三局实战，则主要使双方运动员在超过正式比赛的时间内，学会在非常疲劳的情况下使用动作战胜对手，并达到培养坚强意志品质的目的。

第九章　武术散打的战术训练

　　散打战术是为战胜对手而在赛前制定并在比赛中灵活运用的比赛计谋、行动和方法，也就是根据双方的情况，正确地分配力量，充分发挥己方特长，限制对方特长，为战胜对手而采取的合理有效的计谋、行动与方法。

　　运动员对战术的运用就是将已经获得的技能、体能和心能训练成果，在比赛中最优化地进行综合运用，进而形成有利于自己的局势。比赛场上瞬息万变，比赛双方的技击方法没有固定程式，始终处于进攻与防守、制约与反制约的激烈变换对抗之中，在运动员的技术、体能、心理素质及客观因素等条件接近或相当的情况下，散打运动员的战术能力能否在实战中运用自如，对运动成绩的影响起着至关重要的作用。因此，这里着重对散打运动员战术能力的构成及其影响因素进行分析，旨在为提高散打运动员运动成绩提供一些合理化建议。

一、战术能力的组成

　　战术能力是指运动员掌握和运用战术的能力，是运动员整体竞技能力水平的重要构成部分。

　　在散打竞赛中，运动员战术能力的完成不仅要求运动员具备扎实的散打基本技术，还要拥有良好的战术意识，熟练掌握和运用战术知识与战术行动，才会在散打竞赛中形成强大的战术能力。战术能力的组成主要由散打战术意识、战术知识和战术行动构成。

（一）战术意识

　　战术以谋略为主，战术意识是指技术动作在实践中的具体运用，是技术、体能、战术在竞赛规则的支配和制约下的有机组合表现出来的思维意识。

　　无论是运动员运用已有的理论知识所进行的理论思维，还是运用训练与实战中所积累的经验所进行的经验思维，运动员的战术意识作为重要的思维活动，其战术思维水平的高低都直接影响着运动员战术能力的发挥。"思维着的精神是地球上最美的花朵。"恩格斯的评论使我们更应清醒地认识到培养思维力的重要性和提升思维力的紧迫感。具有良好战术意识的运动员在散打比赛的攻与防、进与退、虚与实、动与静、速与缓等不断变化之中，能够及时预见、正确分析判断赛场上的攻防态势，从而准确地、创造性地综合运用技战术，充分发挥自身的技战术水平。而在激烈竞争、瞬息万变的散打比赛中，运动员任何一项心理过程受到破坏都可能导致战术意识的混乱及战术决策的失误。

　　因此，良好的战术意识的建立是培养高水平散打运动员必备的重要条件。注重对运动员战术意识的培养，对于提高其战术能力的合理运用、控制比赛的主动权、充分发挥技战术水平以及提升运动成绩都具有重要的意义。根据散打比赛中进攻的形式可以将战术意识划分为主动进攻的战术意识和防守反击的战术意识。

1. 主动进攻的战术意识

主动进攻的战术意识是指运动员在散打比赛中，有意识地不断创造攻击的机会，并且敢于抓住时机作出具有创造性的、大胆攻击的行动意图。

主动性进攻意味着进攻凶狠、敢打敢拼，要求在进攻过程中快速逼近，尽可能地在短时间内打垮或击败对手，不给对手任何喘息的机会。进攻是最好的防守，在散打比赛中进攻处于主导地位。进攻意识受到竞赛规则、运动员体能和技能以及运动员心理素质等方面的影响。当运动员体能和技能娴熟，心理素质较好的情况下，先下手为强，要表现出强烈的进攻意识，以此挫伤对方的锐气。因此，运动员具备主动性进攻战术意识就显得尤为重要。

2. 防守反击的战术意识

防守反击是一种复合技术，由防守和进攻组合而成，其运用成功与否，除了正确、熟练地掌握防守和进攻技术，使其达到自动化程度外，还需把握时机和培养防守反击意识。准确、巧妙地防守，一则能保护自己，二则可以更好地为进攻创造条件。积极主动的防守是准确判断对手的进攻时间、运行路线、攻击方法和部位，反应敏捷，达到自动化程度，目的是为了更好地进攻。防守反击能力战术意识的培养在技术方面主要表现为接住对方进攻性的各种拳法和腿法之后运用快摔法提高战术意识，形成良好防守反击战术意识的基础，使散打战术得以快速、巧妙地运用。

（二）战术知识

运动员在比赛中将感知到的比赛信息通过思维活动进行综合分析，从而做出决策并采取相应的战术行动，这种瞬间完成的思维活动是在已获取的战术知识和经验的基础之上完成的。因此，掌握战术知识对战术意识的形成和发展具有至关重要的作用。战术知识是指关于比赛战术理论及实践运用的知识，是运动员掌握战术和提高战术能力的基础。

战术知识是对战术问题的理性认识，包括与散打战术相关的各种理论知识，以及散打战术理论与方法在比赛中运用所获得的各种体验。散打专项战术的运用原则，最佳时机的准确选择，战术意识的有效贯彻，散打竞赛规则对战术运用的影响以及战术的发展趋势等，都是运动员应该掌握的战术知识。运动员经过系统训练获取的战术知识越丰富，对散打运动规律理解得越深刻，越有利于运动员形成和强化良好的战术意识，实施有效的战术行动，进一步提升战术能力。为此，在训练和比赛中要强调对运动员战术知识的学习和积累，不仅要强化理论的学习，更要注重从实践中亲身体验并灵活运用。

（三）战术行动

战术行动是指为了达到特定的战术目的而采用的动作及动作系列组合。

战术行动是战术的外在表现形式，任何战术意图都是由各种具体的战术行动来完成的。散打比赛中，运动员要根据赛场上瞬息万变的战情，把已经获得的技术、心理训练成果运用于比赛中，随机应变并快速准确地实施自己的战术方案，使战术行动达到最佳的运用效果。为此，或恰当采取及时有效的防守布局，准确运用各种熟练的动作技巧干扰和迷惑对手，给对手造成错觉以隐藏自己真正的战术意图，而后出其不意地选择突破点防守反击；或为了赢得比赛的主动权，先发制人，采用猛烈进攻态势，从气势上压倒对手，扰乱对手心理，在对手没有准备的情况下控制场上的节奏主动进攻。无论采用何种形式，运动员战术能力的体现都是以战术行动的实施为最终表现形式的，而战术行动通常以技术的方式体现。战术行动在比赛中运用的质量与效果直接影响到技术的发挥，反之，技术水平的发挥直接影响着战术行动的效果。

因此，训练、培养和提高运动员的技术水平是培养运动员战术能力的重要部分。散打技术是运动员在训练和比赛中完成进攻与防守动作的基本动作单元，包括实战姿势、基本拳法、腿法、跌法、摔法、组合动作等，这些是散打运动员竞技能力水平的重要因素。这些因素无论对于散打初学者还是专业散打运动员都至关重要。技术动作掌握得牢固与否，直接影响到战术的运用与散打水平的进一步提高。散打运动员所掌握的技术越全面、越熟练，达到的运动技能越高，越能有效地实施各种战术行动，捕捉到对方的弱点，以所长制其所短来斗智、斗勇、较技，抑制对方技术水平的发挥，进而取得比赛的胜利。

二、影响战术能力的主要因素

（一）散打的技术体系

诞生于 20 世纪 80 年代的散打运动历经探索与发展阶段后，以其强劲的生命力逐步成为既有别于其他体育项目，也有别于世界各国流行的技击术的一项运动项目。其技术体系几经改革，已成为既保留了民族特色，又有现代搏击术且不失体育属性的技术体系。

目前，散打赛事不仅有世界杯、亚运会、世界散打锦标赛及洲际散打比赛等，近年也逐步开展了女子散打比赛。一系列赛事的举行，对散打技术的发展起到了至关重要的作用。但是，我们也应该清醒地意识到散打技术体系还存在着诸多不完善之处，诸如散打在技击性方面的表现还不够突出，更多表现为力量、速度的直接对抗；单一技术动作多而组合动作少，技术特色雷同，"缠抱现象"频繁出现，动作缺乏武术灵巧特色；难度动作体现不够充分，有些技术的设计缺乏合理性和有效性等。散打技术体系的不完善直接影响了运动员战术能力的高效发挥。因此，如何不断提炼、整合与完善散打技术体系，突出散打的腿法、拳法、摔法特色，是散打运动进一步普及和提高的必由之路。

（二）散打的竞赛规则

从 1979 年开始试行到 2011 年正式出版《散打竞赛规则》以来，至今已经进行了 8 次竞赛规则大的调整。规则是竞赛的准则和杠杆，具有导向作用。从规则变化的出发点及效果来说，遵循了规范、合理、简洁的原则，引导运动员加强全面技术能力的提高，最大限度地调动运动员的技术潜能，增强抗击打能力和有效攻击方法，相应限制了消极抱缠和搂抱摔的运用，在一定程度上促进了拳法、腿法及接腿摔技术的运用比例，有效提高了散打比赛的精彩激烈程度。当然散打竞赛规则从始而终都影响着运动员战术动作的发挥和战术意识的形成，每一次规则的改进都对散打技术起着重要的指导作用，对提高散打运动员战术能力也日益呈现出越来越重要的地位。

三、散打运动员自身的素质

（一）运动员的技术水平

比赛中运动员技术水平的发挥直接影响着战术运用的效果。战术是技术有目的的运用，灵活多变的战术必须以运动员全面的技术为坚实的基础。

　　散打战术与技术相辅相成，熟练掌握各种技术，才能灵活运用各种战术。在激烈对抗的散打比赛中，比赛双方始终处于进攻与防守的不断变化之中，运动员要灵活机动地选择强攻、防守反击，或选择重创、突袭等，将单个和组合技术不断地运用到进攻和防守之中。散打运动员掌握的技术越全面、越熟练，达到的运动技能越高，越能有效地形成良好的战术意识，实施有效的战术行动以抑制对方技术水平的发挥，进而取得比赛的胜利。否则，会影响散打战术的有效实施。

（二）运动员的理论素养

　　散打不是蛮打，更不是散乱之打，而是智慧的比拼。

　　仅靠强健的体魄和娴熟的技术来战胜对手，亦不能称之为真正的武者。运动员战术能力的完美体现与运动员的理论素养密不可分。散打对抗中的攻与防、进与退、虚与实、刚与柔等，无一不囊括于武术文化之中，正是基于这一认识，人们才得出了"没有最强的武术，只有最强的武者"的断言。冷静的头脑、敏锐的观察力、制胜的智慧、良好的心理素质以及战略战术的迅速调整、最佳时机的准确选择、战术意识的有效贯彻等，都对运动员的理论素养提出了很高的要求。散打运动不能以形式哗众取宠，倘若只掌握散打的诸多技术动作就自以为是，只能说明自己的浅薄，而应在思考、反省中提升运动员的专业知识及文化素养。

四、散打运动员战术能力的培养

（一）加强散打技术训练

　　散打的基本技术是战术能力的基础。运动员所具备的技术动作数量越多、质量越高，越有利于运动员战术意识的形成与战术行动的实施，进而形成更高的战术能力。基本技术训练的目的是使运动员建立正确而完整的各类攻防动作的技术概念，培养准确、熟练、稳定的技术风格，并能在比赛中灵活自如地运用。加强运动员技术动作的训练，首先要注重其身体素质的训练。运动员身体素质水平的高低是训练水平高低的重要标志。柔韧素质、力量素质、耐力素质、速度素质、灵敏素质是提高技术水平的根基。其次，应注重技术训练的全面与完善，只有技术全面，才能有招法随机应变，才不易被对手抓住弱点，受其牵制。最后，在技术全面基础上，要逐步形成运动员的特长技术及绝招，使其具备克敌制胜之利器，出奇制胜之能力。诚然，基本技术的训练环节无论是进行空击练习、递招练习、打靶练习，还是进行模拟练习、实战以及实际对抗训练，都必须以实战为核心，采取多种方法与手段，形成完善的技术风格，增强运动员对技术动作运用自如、灵活多变的能力，才能提高其战术运用能力，争取和对方抗衡的主动权。

（二）强化战术意识的培养

　　赛场上散打技术的合理运用与应变，都是运动员战术意识的体现。

　　运动员战术意识的培养是一个循序渐进、非常复杂的过程，在培养运动员技术时，要有目的地引导他们的战术意识并形成自己的战术风格。首先，注重培养主动进攻的战术意识。进攻是最好的防守，在散打竞赛中，以进攻代防守的战例颇多。要通过模拟训练、假想敌训练与实战对抗等灵活多变的方式，培养运动员主动进攻的战术意识。造成强攻欲望极强的态势，不仅可以提高运动员对时机、空间距离的判断能力，使运动员从心理上占有主动权，给对手造成劣势，以此来挫伤对方的锐气，还可以有效地培养运动员敢打敢拼、勇猛顽强的意志品质，非常有利于运动员的全面发展。其次，要加强防守反击战术意识能力的培养。在正确掌握防守和进攻技术的情况下，培养防守反击意识决定了反击技术运用的成功与否。

通过借势、别根、掀底、靠身等针对性训练，培养运动员依靠自己准确的判断，主动选择战机，利用格挡、闪躲等空间距离及闪进、避让等步身法的移动，能够准确及时地采取有效动作予以反击，从而增强他们勇于拼搏的自信心。

五、注重战术知识的积累

战术行动及战术意识的实施、运用以及临场的预见性和灵活性同运动员的智能是密不可分的。

首先，要注重督促运动员进行武术文化内涵、兵法谋略知识、运动心理学等知识的学习，培养运动员深厚的专业知识积累，敏锐的综合分析、判断能力以及良好的心理素质，为运动员战术能力的提高提供智力支持。同时，要对散打战术的基本知识、战术应用的原则以及影响战术能力的因素等战术相关知识进行系统的学习，使运动员既能够明确攻防兼顾、控制与反控制的战术设计原则及技术运用的各项规则，设计巧妙、科学的战术方案，合理地、有效地发挥动作本身的最大效应，又能够准确判断对方的战术目的和技能，在瞬息万变的激烈对抗中保持攻防的合理节奏，掌握主动权，进而获得比赛的胜利。

其次，要加强对散打竞赛规则的深度理解和运用。竞赛规则自始至终都影响着运动员技术水平及战术能力的发挥。在实战中，战术要以技术的能力为基础，以竞赛规则为依据，因敌而用，才能突出其实效性，超越战术理论、竞赛规则、体能、技能的战术是不现实的，无真正意义的。竞赛规则的不断改变促使散打技术结构发生了鲜明的变化，要鼓励运动员多采用主动进攻的方法，逐步减少搂抱现象、对峙的时间，会对提高运动员主动进攻意识起到重要的引导作用。因此运动员不但要熟练掌握竞赛规则，合理利用规则来发挥自己的优势，抑制对方的特长，而且要以规则为依据制定和实施一切战术行动，以达到提升战术能力的目的。

最后，通过实战训练获得良好的战术体验。通过模拟战术练习、优秀运动员的典型战例分析以及实战演练等循序渐进的方式，培养运动员对战术问题的理性认识，获取深刻的战术体验。在战术训练中制定丰富的技术组合套路，模拟比赛情境的气氛，虚实结合进行技战术组合练习，逐步提高运动员的战术运用能力；通过对典型战例的分析，增加运动员对赛事的分析能力；增加车轮战、多人战等专项练习，培养运动员主动连续进攻的战术意识；通过实战演练，强化运动员的战术意识，培养运动员战术知识的灵活运用能力。

散打技术体系不完善，运动员的散打技术不全面以及散打竞赛规则的演变都会对运动员的战术能力发挥和运用产生不同程度的影响。因此加强运动员基本技术能力训练，注重运动员攻防意识的培养和战术知识的长期积累，提升运动员的综合素质，必将对运动员战术能力的合理运用起到积极的促进作用，进而提高运动员的运动成绩。

第二节　武术散打的战术训练

一、散打战术训练的基本原则

（一）注意培养战术意识和战术打法

比赛时战术的制定靠赛前对对手的了解，靠教练员和运动员一起制定合理的战术打法。但赛场瞬间万变，这就要求在平时的训练中，运动员必须有独立的判断能力、战术思维及应变能力，这样才能根据对手情况制定相应的战术，提高战术意识水平。

（二）基本战术要与多种战术相结合进行训练

在平时的训练中，首先要熟练掌握基本战术，在掌握基本战术的基础上根据自己的特点，选择几种适合自己的其他战术反复练习。做到各种战术之间运用灵活，以应付各种战局的需要。但要注意不能华而不实，只求多不求精，要注重实效性、实用性。

（三）注重战术训练质量

战术训练时要模仿实战气氛，严格按实战中的要求去练习。战术动作时机、力量、判断、反应、距离、方向和角度等都要以较高质量来完成。

（四）战术训练要与其他训练相结合

有了一定的技术才能提到战术，如果基本的技术还没有掌握，战术训练也只是一句空话。战术训练与身体训练、心理训练、技术训练是分不开的，因此战术训练要与技术训练、心理训练、身体训练协调进行。

二、战术训练的方法

（一）模拟训练

教练员（或同伴）模拟不同战术所需要的动作，反复练习。练习的力量、速度要由轻到重，由慢到快，直到接近实战或超过实战水平。例如，可以模仿擅长腿法的对手、擅长拳法的对手等，练习者根据具体情况采用不同战术进行对抗，或针对某一个对手模仿他的常用动作进行针对性的反击训练。

（二）分解训练

一种战术一般由几个动作组成，可以先将这几个动作分解逐一练习，最后再完整练习。练习佯攻战术时，以指上打下为例。指上（直拳）、打下（侧踹腿），第一步先练直拳，练习时要求出拳速度快，虽是佯攻动作但要逼真，引起对方注意。第二步练习侧踹腿，要求侧踹腿启动要突然、果断、有力。第三步将直拳和侧踹腿完整练习。

（三）战例分析训练

现场观看比赛或观看比赛录像以及回忆自己所打过的比赛，重点要看运用战术较为典型的片断。根据情况进行分析、总结，研究相应的战术。

（四）假设性训练

假想对方使用不同的战术，并设想用什么样的战术去对付想象中的对手，然后通过实战检验所采用的战术是否有效。

（五）条件实战

根据战术的需要，教练员（或同伴）规定一定内容或使用动作范围进行对抗战术训练。条件实战的方法很多，如有限制进攻和防守的实战对抗，有限制击打部位的对抗等。例如在练习防守反击战术时，指定一名队员使用各种动作进攻，一名队员只能防守反击不能主动进攻，以此来强化防守反击战术训练。

（六）实战比赛

散打训练最终的形式是实战，实战是检验技术水平、战术水平的有效手段。训练时按照比赛的要求进行实战对抗，可以选择延长比赛时间，对不同风格的对手或二打一、三打一、四打一。实战结束后要积极总结，积累比赛经验。

第三节　　设计战术之前应该了解对方的情况

一、技术状况

对方是擅长用拳，是擅长用腿，还是擅长用摔；他的功绩是什么，主要得分手段靠什么；对方的技术弱点是什么，是防拳能力差，是防腿能力差，还是防摔能力差。

二、攻防类型

一般来讲运动员的攻防类型有三种：一种是以主动进攻为主的进攻型，一种是以防守反击为主的防守型，另一种是能攻能守的综合型。在制定战术前，要了解对手的攻防类型。

三、动态类型

运动员有不同的动态类型，有的属于力量型，进攻时主要靠强大的力量威慑对方，削弱对方战斗力，以力取胜；有的属于技术型，主要依靠良好的技术发挥，以得分取胜。对付前者需要制定以快制力、以巧制力的战术；对付后者自然需要封堵路线、改变距离等，制定连续进攻的战术。

四、身体素质

运动员之间的身体素质有着明显的差异，有的力量大，有的体力好，有的反应快，有的速度快，有的协调性好。对于不同身体素质的对手要采取不同的战术。例如，遇到耐力差的，就要采取消耗其体力的战术，逼着打或者把对方斗急拖着打，不给喘息的机会，使其体力迅速下降而取胜。

五、心理素质

运动员的心理素质是一个十分重要的因素。通常所讲的"斗智"、"斗勇"、"两强相遇勇者胜"等，都属于心理因素范畴。有的运动员虽技术好，但心理承受能力差，遇到激烈的拼搏，便产生恐惧、恐慌等心理障碍，不能正常地发挥技术而导致失败。

第十章　武术散打的心理训练

第一节　散打运动员的心理训练

　　散打运动员的心理素质直接影响着他们的训练水平，这已是不争的事实。在日常的实际训练中对运动员的心理训练日益得到教练员们的重视。

一、散打运动员的心理训练

（一）一般心理训练

　　一般心理训练也称长期心理训练，即从运动员接受散打专项训练开始直至运动生涯结束。由此可见，一般心理训练是一个长期的心理教育过程，它对散打运动员的成才至关重要。因此，必须贯穿运动员的整个运动生涯全过程。教练员在平时的训练乃至日常生活的细节中，都应将心理训练与身体训练、技战术训练的内容手段，有意识、有目的地结合起来，注重这方面的教育和培养。主要包括：

　　（1）培养和提高运动员专项运动的兴趣、需要、动机、性格和气质等个性特征。

　　（2）改善运动员的各种感知觉过程，形成和完善对该项运动具有重要意义的专门化感知觉能力。

　　（3）培养和提高运动员的注意力品质，以便在竞赛条件下形成各种迅速而准确的定向。

　　（4）提高和完善运动员的思维、想象以及快速、准确、灵活的操作能力和运动表象能力。

　　（5）发展和完善专项所需要的情绪、意志特征，尤其是情绪的自我调控及果敢、顽强、镇定的意志品质。

　　（6）熟练掌握并运用有关心理自我调节的策略、方法和手段。

（二）赛前心理训练

　　赛前心理训练也称短期心理训练或心理调整训练，它是迎接某次（重大的）比赛而进行的心理训练，赛前心理训练的针对性较强，训练时间相对较短，一般在赛前 1 个月开始。主要包括：

　　（1）适应运动竞赛规模的动机训练。

　　（2）适应比赛环境条件的心理准备训练。

　　（3）适应赛场各种人际关系的社会心理特征训练。

　　（4）适应比赛时所需的激活水平的激发、控制和调整训练。

（5）比赛时的战术思维模式和战术思维灵活性训练。

（6）适应和排除突发性事件的心理应激训练。

（7）各种专门的心理状态的调整、放松、恢复及各类心理障碍的消除等。

二、散打运动员心理训练的重点

（一）心理训练中的目标设置技能

目标设置和努力实现这些目标的系统计划，是改善运动员竞技能力的一种十分有效的手段，也是帮助运动员掌握身体和心理技能最常用的方法之一。目标通过教练员的诱导和运动员坚持不懈的努力，能改善个体的自我激励，从而提高完成任务的质量。在进行目标设置时应注意以下几个原则。

（1）确定表现目标而不是结果目标。"表现目标"是指个体通过较好地控制自己的竞赛表现，可以实现的而不是依赖他人表现的某些特殊行为；"结果目标"（特别是取胜目标）取决于许多因素（如对手的实力与临场发挥、机遇等），绝不会 100％地控制在某一方，故表现目标应先于结果目标。

（2）确定挑战性的目标而不是轻而易举的目标。挑战性的目标更能激发运动员的优异表现，但确定挑战性目标时难度不宜太大，以至于使运动员经过反复努力也不能实现，这样会削弱运动员的动机而干脆放弃目标。在确定目标难度和动机关系时，可采取梯级上升的方法，但梯级之间的跨度不应太大，目标实现的时间不宜太长。

（3）确定具体的目标而不是笼统的目标。教练员在比赛前对运动员说"尽最大的努力"之类的话，似乎是这个最佳的目标，但"最大的努力"究竟有多大却是个非常笼统的概念，这恰恰是目标设置中的一个缺陷。具体的目标应该是量化的，如：耐力训练中必须用 12 分钟跑完 3000 米、比赛中要抓住 60％的反击机会、完成接腿抢摔 4 次等。

（二）心理训练中的紧张应激控制技能

紧张应激是指个体感觉到外界环境对自身提出的要求和自己的实际能力之间客观上存在的不平衡，同时也感到其结果对自身具有十分重要的意义时产生的一种身心反应。运动员的紧张应激在生理方面表现为心率加快、血压增高、排汗增多、呼吸增快、肌肉紧张度增强、尿频等；在心理方面表现为担忧、头脑发胀、思维紊乱、注意力下降等；在行为方面表现为说话速度变快、手足无措、愁眉苦脸、颤抖等。

若运动员出现的紧张应激属于"唤醒水平提高在先，消极思维在后"，则运用身体技术来消除会更有效。这里所指的身体技术都是帮助运动员学会身体上的放松，使他们在面临那些最初使他们唤醒水平提高的事件时能以放松的反应取而代之。若运动员出现的紧张应激属于"消极思维在先，唤醒在后"，则主要运用认知技术来消除会更合适，使消极的思维在使唤醒水平提高之前就停止以降低紧张应激。虽然身体技术更适合于运动员克服第一种类型的紧张应激，认知技术更适合于第二种，但把两者结合效果更好。根据紧张应激的定义和产生的三个要素，教练员要让运动员知己知彼，充分考虑比赛中可能出现的各种情况，不打无准备之仗，如比赛前的模拟实战就是减少不确定因素的有效手段。

第二节　散打运动员心理战术训练

心理训练是通过各种手段有意识地对运动员的心理过程和个性特征施加影响，使运动员在训练和比赛中学会调节自己的心理状态，不断改善对环境的心理适应能力，从而争取好的比赛成绩的训练过程。心理训练是现代运动训练的重要组成部分。著名的体育学专家美国得克萨斯大学教授约翰·霍贝曼曾经说过："运动员在体力上做好向新水平迈进的准备之后，还必须在心理上进行准备。"

心理战术训练是心理训练的重要内容，它是种谋略，由情绪变化、意志表现、自信心、抗干扰能力等因素组成。正确运用心理战术能使运动员精神高度集中，头脑冷静，能敏锐地观察、思维，准确地判断出对手的意图，增强自信心，发挥最佳水平。反之，心情过度紧张，造成慌乱失调，击打不准，动作变形，注意力不集中，暴露身体空当等，容易给对手造成可乘之机。

散打运动的特点是比赛的双方在短时间、近距离之内进行比技术、比体能、比毅力、比承受力的高强度、强对抗运动。在训练比赛中，我们常见到这样的运动员，他们在训练中一招一式很正规，踢、打、摔动作也很漂亮，可一登上擂台进行比赛动作就变了形，尤其是受到击打后，简直连脚都踢不出了，只是被动挨打和搂抱。可见，在散打场上，两方对垒，优胜劣汰立见分晓，这种竞争不仅是运动员技术、战术和体力的角逐，还是意志品质、智慧和心理的较量。那些在训练和比赛中表现出不同状态的运动员除了技术方面的原因外，更重要的一方面是心理问题。因此，作为一名优秀的散打运动员不仅要有良好的身体素质，还要有稳定的心理状态，并掌握一定的心理战术。教练员在日常训练中除了技战术训练外，还要悉心研究心理战术训练，并把心理战术训练作为对散打运动员进行心理训练的重点。

下面我结合教学实际，就散打运动员心理战术训练发表一些浅见。

一、做深呼吸运动

用腹式呼吸法，使呼吸深、长、匀、细，逐渐遍布全身，在我们呼吸紧张、短促、吃力时，经常做有节奏的深呼吸，能镇静情绪，消除紧张心理。

二、用意念来对肌肉或骨骼放松

通过静坐和调息和有意识地"苦思冥想"，达到身心协调统一，使自己逐渐形成一种较固定的思维，如上擂台前默想比赛—引起激动—放松入静—再默想比赛—再放松入静的模式。周而复始，如此循环，可逐步消除紧张情绪和恐惧心理。做这样的练习应选择光线柔和、幽静的环境，避免外界干扰，要持之以恒，每天进行，不要间隔。

三、自我暗示法

自我暗示，就是有意识地让自己去做什么或不做什么。如上擂台前自我暗示："我一定能战胜他。"被对手击打后，暗示自己："不要慌，要顶住!"用这种暗示方法可以调整心理，协调动作。

四、表象训练法

表象训练法就是要静下来，两目微合，脑子中像放电影一样把自己训练中的各种正确技术动作、组合动作和击打顺序想一遍，或假想两人正在实战，对手出现空档，我用组合技术将对手击倒。这时，想象要像电影的镜头一样，把自己的每一技术动作、每一个步伐都要想象到。

五、模拟训练法

一是根据已掌握对手基本情况和战术特点，分析对手属于什么技术类型，让同伴模拟对手，并与之较量。二是进行适应气候和比赛场地观众干扰的模拟训练。

除了以上方法外，还可以通过训练适应各种信号示意的反应，如：运用击打人体靶练习、条件实战、变速冲刺、信号起跑、各种球类活动等提高应变能力。训练中，通过观察对手的潜伏信息，以便在空间知觉中做出应答。要注重把握两点，一是对对手位移变化做出反应；二是选择动作的反应。在战术心理训练中，要格外注意防守的步法移动，对对手动作的反应要始终记住增强格斗能力是最根本的。对于赛前训练，一定要少做激烈的实战练习，以免遭受重击或造成伤害事故。因为，遭受一次重击对运动员的心理打击很大，它将有碍运动员的信心。

综上所述，正确合理的心理战术训练是挖掘运动员潜力的有效手段，也是提高散打运动员比赛成绩的有力保障。因此，我们在散打训练中应注重引进现代的先进科学理论，把生理、心理、运动力学等科学知识与散打运动的训练、比赛有机地结合起来，使我国的散打运动逐步走向规范、成熟，发展成为一个集科学性、艺术性、竞技性、观赏性于一体的现代体育运动。

第三节　散打运动员心理训练方法

一、常见心理训练法

（一）意念训练法

意念训练法是指借助想象或运动表象进行自我的心理暗示，从而改善运动员的个性心理特征和心理过程。如比赛前进行自我暗示，以集中注意力；也可以想象比赛中出现的情况，自己应采用怎样的技战术去对付。可以进行自我的语言调节和鼓励，暗示自己放松，保持稳定的情绪。

（二）诱导训练法

诱导训练法是指通过外界刺激来引导运动员按照预定的要求去执行的心理训练方法。外界的刺激可以采取信号、口令、多媒体等手段。常用的诱导方法有鼓励、启发、说服、举例和批评等。另外教练可以采取示范、多媒体等直观的手段向运动员传递信息。

(三)模拟训练法

模拟训练法是指在训练中设置比赛中可能出现的各种情况，使运动员在近似比赛的条件下，锻炼和提高对正式比赛心理适应能力的训练方法。模拟的对象一般有三个。第一，模拟比赛中可能遇到的对手，针对对方的技术特点制定相应的战术打法；第二，模拟比赛环境，通过模拟比赛环境使运动员适应比赛中可能遇到的心理障碍，消除比赛环境带来的影响；第三，模拟比赛日程，模拟比赛日程的目的是使运动员适应比赛从而发挥最佳的竞技水平。

二、常见心理障碍调控方法

(一)过度紧张

产生过度紧张的原因，一般有三种：惧怕对手，想赢怕输，比赛经验少。

克服方法：惧怕对手的克服方法是认真地分析对手和自己，力图找到战胜对手的途径，树立比赛的自信心，激发斗志，保持平衡的心态，放开束缚，打出自己的水平。想赢怕输的克服方法是提高自信心，稳定情绪，多考虑比赛中如何发挥技战术，不要考虑比赛结果。此时教练员要及时地给运动员调整，不要过分强调比赛的重要性。总之，稳定运动员的比赛情绪，及时进行自我调整，树立信心，激发斗志，放下包袱，一定能够克服紧张的情绪，取得比赛的胜利。

(二)盲目自信

盲目自信就是俗话说的"轻敌"。具体表现在对比赛不够重视，对比赛中可能出现的问题估计不足；比赛时一旦遭遇挫折就心浮气躁，不能发挥真实的技战术水平，从而造成比赛的失败。

克服方法：做好运动员的赛前教育，充分估计比赛中可能遇到的困难和挫折，做好心理准备，调整好最佳的心理状态，做到遇强不惧、遇弱不懈，胜不骄、败不馁。

(三)注意力分散

注意力分散即俗话所说的"分心"。具体表现在运动员在比赛中反应迟钝，赛期胡思乱想，注意力不集中等。

克服方法：在平时训练中要养成专心致志、认认真真的习惯，比赛时认真研究对手，制定相应的战术。另外还可以进行一些有针对性的训练提高运动员的抗干扰能力（如上文提到的模拟训练）。

(四)过度兴奋

过度兴奋是指运动员不能将自己的兴奋水平调整在适宜的时间，出现过早的兴奋和过度兴奋。过早或过度的兴奋会消耗大量的能量，造成比赛时思维反应能力下降、动作变形等。

克服方法：通过各种心理训练方法提高自控能力和自我调节能力。另外适量的准备活动和合理的时间安排也是克服兴奋过度的一种方法。

(五)消极

消极主要表现为运动员赛前无精打采、意志消沉、情绪低落、体力下降、缺乏比赛信心甚至无意参加比赛等。

克服方法：端正比赛态度，鼓励自己，增强信心，分析自己的有利条件，找到对付对手的方案。另外，比赛前的训练安排要科学合理，避免过度疲劳。

第十一章 散打运动损伤现场急救及预防

第一节 散打运动损伤现场急救的主要内容和方法

一、擦伤

机体表面与粗糙物体相互摩擦而引起的皮肤表层损害，称为擦伤。

运动员在踢靶、打靶或相互对抗时，脚背、手、臂、口、眼、鼻都有可能出现擦伤。如果擦伤面积较小，可用 0.1% 的新洁尔灭溶液涂抹；若擦伤面积较大，需用 2.5% 的碘酒和 75% 的酒精在伤口周围消毒，生理盐水棉球清除伤口异物，然后用绷带包扎。擦伤在散打训练中是很常见的，所以为了避免或少发生擦伤，准备活动要充分，训练前要检查器械是否有破损或异物，训练强度和运动量的安排要渐进。

二、挫伤

人体某部位受钝性外力作用而引起的局部闭合性损伤，称为挫伤。

运动员在互相对抗时，由于防守不到位，头部，躯干受到重击，或失衡倒地自我保护不合理，都有可能发生挫伤。如果局部仅有疼痛、压痛、肿胀、功能障碍等较轻症状时，可在局部冷敷药物，加压包扎，抬高患肢；如果出现骨折、肌肉或肌腱断裂时，应将肢体包扎固定后送医院治疗。挫伤在散打训练中偶有发生，主要由于在条件实战或实战中双方配对不合理，技术有悬殊，强者不愿陪练，打起来"没轻没重"造成的。

三、关节和指关节扭伤

关节和指关节由于碰撞受力，使局部关节韧带或关节囊受损而造成的扭伤。

运动员由于指节活动不充分、缠绑绷带不正确、力点不准确等原因，在互相击打时就会发生扭伤。轻度扭伤，即局部关节稳定性仍正常者，可将伤指微屈轻轻拔伸牵引，外擦舒活酒轻捏数次，注意不能揉、不能扳，然后用粘膏将靠近伤侧的健指连同患指固定在一起。重度扭伤，即关节稍有侧方活动者，宜用一块弓形小夹板放在掌侧将患指固定成半屈位，送往医院做进一步治疗。指节损伤在散打训练中时有发生，因此除了准备活动要充分，缠绑绷带（手腕和手掌、指节）正确，动作方法要准确外，在打手靶或沙包时要由轻到重，逐渐增强拳的抗击打能力，为技术和实战训练打下基础。

四、膝关节急性损伤

膝关节由股、胫、髌、腓骨组成，关节内及周围有内外侧副韧带，前后十字韧带，内外半月板，以及肌肉和肌腱，是较容易发生运动损伤的关节。

（一）内侧副韧带损伤

当膝关节屈曲130°～150°，小腿受力产生外展外旋时，或足和小腿固定，大腿受力产生内收、内旋时，都可使内侧副韧带损伤。例如运动员的一腿被对方抄起，支撑腿保持平衡用力防摔或反摔时，由于力量差，技术不高，就容易出现内侧副韧带损伤。

（二）外侧副韧带损伤

当膝关节屈曲，小腿受力产生内收、内旋，或大腿受力产生外展、外旋时，外侧副韧带就会出现损伤。例如运动员被摔倒时，小腿被抱压，膝关节就可能出现外侧副韧带损伤。

轻微的侧副韧带损伤，疼痛较轻，肿胀不明显，无关节屈伸障碍，这时只需停训2～3天，外敷活血止痛中药即可。如果参加比赛，应用粘膏支持绷带及弹力绷带缠裹保护。

较重的侧副韧带扭伤，会出现明显的肿胀、伸屈功能受限，疼痛剧烈，一般采用橡皮海绵加弹力绷带压迫包扎，再用托板将患膝固定于微屈位，然后抬高患肢休息。侧副韧带如出现断裂，应立即加压包扎固定，然后转送专科医院进一步诊治。

（三）十字韧带和半月板损伤

十字韧带损伤是由于膝关节处于半屈位时，突然出现旋转，或内收、外展动作而引发的。

半月板损伤是由于膝关节处于半屈位，小腿外屈或内收、内旋时，受到急剧的研磨、捻转的撕裂而引发的。

在运动员使用前、后扫腿或转身外摆腿时，由于动作不正确，时机把握不好，支撑腿就容易出现上述的损伤。

半月板或十字韧带损伤后，当时即有膝关节松活、软弱无力、不能持重行走的症状，这时需加压包扎，固定制动，送往医院诊治。膝关节急性损伤一般发生在实战和比赛时，主要由于力量不足、防护技术差，以及对方使用犯规动作造成。所以，在训练中要加强专项与非专项身体素质训练，要正确运用技术动作，这样可以减少或避免损伤。

五、休克的现场急救

休克是指人体受到强烈的有害作用而引起的一种急性循环功能不全综合征。运动员出现的休克多见于外伤性休克，主要是损伤引起的剧烈疼痛或震荡所致。

对于散打运动来说，多在实战比赛中由于头部、腹部、裆部受到严重挫伤，从而引起神志不清、面色苍白、四肢厥冷、血压下降等休克现象。出现休克时，应立即让伤员平卧，头侧偏，注意防寒或防暑，不可随意搬动和让伤员坐站立。对昏迷不醒者，可掐人中或嗅乙氨水使之苏醒。如果出现以下情况：昏迷时间在5分钟以上；清醒后头晕、恶心、呕吐剧烈、两瞳孔不对称或变形；清醒后有颈项强直或出现第二次昏迷时，说明头部严重损伤，应立即送医院处理。裆部挫伤急救措施同前，但要检查外部是否出血，睾丸是否进入腹腔，如有这些情况应立即送往医院。

六、关节脱位的临时处理

关节脱位是指关节失去正常的连接，也称脱臼。

运动员在训练或比赛中，由于倒地时自我保护动作不正确，易出现肘关节、肩关节脱臼；在使用冲拳、掼拳用力空击时也有可能出现肘、肩关节脱臼。这里受伤关节会出现疼痛、压痛和肿胀，关节功能丧失，关节外表出现畸形。

肘关节脱臼时，让患者取坐位，助手站在患者背后，用手握住伤肢的上臂，术者一手握伤肢腕部，另一手拇指抵住尺骨鹰嘴，与助手对抗牵引数分钟，然后逐渐使肘关节屈曲，即可复位。

肩关节脱臼时，患者取仰卧位，术者坐于患侧，双手推患肢腕部，并用足底伸入患侧腋下（左肩用左足，右肩用右足），蹬住其附近的胸壁，徐徐拉伤肢，并同时向外旋转患肢，此时肱骨头可从锁骨下、喙突下、盂下离开，自关节囊的开口处滑入关节盂内。

七、抽筋的处理方法

正确的处理步骤如下：按摩抽筋部位；小心地舒展、拉长抽筋部位的肌肉，使它保持在伸展状态；在抽筋局部用毛巾热敷。

（1）腓肠肌抽筋的处理：急剧运动时腓肠肌突然觉得疼痛、抽筋时，要马上捏紧拇指，慢慢地伸直腿部，待疼痛消失时进行按摩。

（2）手指、手掌抽筋：将手握成拳头，然后用力张开，又迅速握拳，如此反复进行，并用力向手背侧摆动手掌。

（3）上臂抽筋：将手握成拳头并尽量屈肘，然后再用力伸开，如此反复进行。

（4）小腿或脚趾抽筋：用抽筋小腿对侧的手，握住抽筋腿的脚趾，用力向上拉，同时用同侧的手掌压在抽筋小腿的膝盖上，帮助小腿伸直。

（5）大腿抽筋：弯曲抽筋的大腿，与身体成直角，并弯曲膝关节，然后用两手抱着小腿，用力使它贴在大腿上，并做震荡动作，随即向前伸直，如此反复进行。

八、脚扭伤处理方法

首先，伤后要避免继续负重或行走，切忌由同伴在伤痛局部手法按揉。

可以用绷带或宽胶布将患侧足踝背伸 90°后轻度外翻位包扎固定，限制行走，并送医院处理。

对于症状轻者，可在伤后即用冷水或冷毛巾外敷并抬高患肢。此时冷敷能使血管收缩，减轻局部充血，降低组织温度，起到止血、消肿、镇痛的作用。因此在急性扭伤后，应施行局部冷敷，并且越早越好。抬高患肢可加快血液、淋巴液回流，不至于使血液淤积于血管损伤处。

冷敷方法：将冷水浸泡过的毛巾置于伤部，每 3 分钟左右更换一次，也可以用冰块装入塑料袋内进行外敷，每次 20～30 分钟。夏季则可用自来水冲洗，冲洗时间一般在 4～5 分钟左右，不宜太长。

如果踝部扭伤已超过 24 小时，则应改用热敷疗法。此时热敷能改善血液和淋巴液循环，有利于伤处淤血和渗出液的吸收。

热敷方法：将热水或热醋浸泡过的毛巾放于伤处，5～10 分钟后毛巾已无热感时进行更换。每天进行 1～2 次，每次热敷约 30 分钟即可。

关节扭伤后应及时处理，原则是制动和消肿散淤，使损伤的组织得到良好的修复。关节积血较多者，应在无菌技术下及时抽出，以免后遗关节内粘连。韧带断裂或撕脱骨折而影响关节稳定者，需行手术复位修补，以免引起反复扭伤、关节软骨损伤和创伤性关节炎。

第二节　散打运动损伤的预防

　　散打的教学与训练是一个长期艰苦的过程。通过教学与训练，一方面使有机体在形态、生理、生化等方面产生一系列适应性的良好变化，并且由少到多、由低到高地渐进积累；另一方面使运动员掌握和提高技术、战术，并能在比赛中熟练运用。在这一过程中，由于某个环节的疏忽就可能导致运动员出现运动损伤。为了减少或避免发生运动损伤，在教学和训练中必须注意以下几个方面：

一、准备活动要充分

　　在课前或赛前，必须安排 20～30 分钟做充分的准备活动，包括跑步、关节操、热身操、拉韧带等，使关节、韧带的伸展、旋转的幅度由轻到重、由小到大充分拉开，并使身体发热和兴奋。不要一到训练场或赛场，头脑一热就伸胳膊踹腿。尤其在天冷或天热，情绪兴奋或抑制时，准备活动不充分最容易受伤，对于初学、初练者更应予以重视。应避免由于准备活动不充分而造成损伤，从而影响训练比赛，留下难以挽回的遗憾。

二、要遵守教学与训练的原则

　　散打教学与训练的重要原则，就是系统性、循序渐进和区别对待。由于散打本身项目的特点，运动员在掌握技术和运用技术的过程中不仅要承受生理、生化适应性变化的"痛苦"，还要承受对抗中的"皮肉之苦"，所以从事散打运动要做好充分的思想准备，持之以恒，配合好教练员的安排。如果怕苦、怕累、怕痛而间断训练，是引起损伤的最大隐患。另外在训练的安排上，要根据实际情况，深入细致地筹划。不要在防守动作还没有形成"动力定型"时，就进行攻防实战练习；倒地的自我保护动作还没有掌握好，就进行摔法练习；抗击时一定要先学基本动作，再学基本技术，同时加强专项和非专项身体素质练习。攻防练习要由轻到重、由简到繁、由易到难，当形成有意识的进攻和防守，并具备了打击和抗击能力时，再安排小范围的实战，使身体各部门机能逐步适应训练和实距，然后才能进行大强度、大运动量的训练。

　　由于年龄、素质、基础的不同，队员之间仍然存在个体差异，因此要贯彻区别对待的原则不能操之过急，个别与整体都要逐步提高训练水平，从而减少运动损伤，保证运动员训练的长期性和持续性。

三、提高训练水平

　　散打的实战和比赛，对抗性强、竞争激烈，要求运动员具备全面的技术动作和战术打法，以及良好的身体素质和心理素质。这些方面都需要在日常训练中不断积累，容不得"缺斤短两"。如果教练员、运动员不能严格要求，只看重暂时的输赢，以此引发的运动损伤对运动员今后生活和学习的影响则是长远的。

　　例如：有些运动员技术单一，比赛的漏洞就多，进而就会被动挨打，受伤的可能性就大；有些运动员虽然技术较全面，但抗击打能力差，往往打到对方反而使自己的拳、脚出现擦伤或挫伤；有些运动员临场应变能力差，容易出现攻防的盲目性，甚至丧失信心，这也是导致受伤的隐患；有些运动员由于专项和非专项身体素质差，随着体能的消耗，只能看着对方出拳出腿，自己连防守招架的力量都没有了，怎么能不受伤？

在散打的实战和比赛中，由于场地、器材等客观原因也有偶然性损伤，但训练水平不高所造成的损伤比例很大，要予以充分的重视。

四、加强医务监督

医务监督是预防运动损伤和过度训练、保证运动员训练和健康的有效措施。

运动员要采用自我检查的方法，把训练、比赛成绩、健康状况以及身体反应等情况定期记录在训练日记中，作为医学观察的一项重要内容。如果有伤，应及时治疗、调整训练，不要延误。

教练员和运动员都要配合医生的工作，尊重医生的意见。运动员如伤病未愈就参加训练和比赛，往往会使伤病加重或造成新的损伤。

五、合理安排膳食

散打训练运动量很大，饮食安排是否合理，对体质和技术的学习具有重要意义，在膳食上主要供给蛋白质(尤其是动物性蛋白)和含有较丰富的糖类食物。每日要有一定的蔬菜和水果，以增加各种维生素，满足内脏器官和神经系统内环境稳定性的需要，特别是维生素 B、C 的摄取要引起充分重视。训练后要适当休息才能进食(一般 30 分钟左右)，进食后，也要休息一段时间再去运动(一般为 1.5～2.5 小时)。

六、其他卫生措施

水是人体不可缺少的重要营养素。它能调节体温，参与物质代谢，保持身体的正常分泌。每人每日饮水量约为 1000～1500 毫升。习练者由于运动时排汗较多，需水量可能更多些。水分一下子进入体内，会加重心脏、肾脏的负担，并且也会稀释胃液，影响食物的消化和食欲。如继续运动，水在胃中的晃动，使人不舒服、甚至引起呕吐。习练者最好平时有足够的水分，如在训练时感到口渴，不应多喝水，以漱口来消除渴感。

训练中和训练后要擦干身上的汗水，如条件许可，在训练后进行沐浴。

要经常洗晒护具和手套，使之保持清洁。每次训练结束后，要将护具和手套用清水擦净，喷上一些酒精，去掉汗臭味，使下次训练穿戴护具时有良好的舒适感。要定期大拆洗。

要注意训练场地空气的流通，经常打扫，保持适当的温度，注意环境卫生。注意按时作息，保证必需的休息和睡眠时间，防止过度疲劳，影响训练和比赛。

第十二章　武术散打竞赛规则

第一节　通　则

本节给出散打竞赛规则的通则范例，可供教学参考使用。

一、竞赛种类

（1）团体比赛。

（2）个人比赛。

二、竞赛办法

（1）循环赛。

（2）淘汰赛。

（3）复活赛。

（4）每场比赛采用三局两胜制，每局净打 2 分钟，局间休息 1 分钟。

三、参赛年龄与资格审查

（1）成年运动员的参赛年龄限在 18～35 周岁，青少年运动员的参赛年龄限在 15～18 周岁以下。

（2）参赛运动员必须携带《运动员注册证》。

（3）运动员必须有参加比赛的人身保险证明。

（4）运动员必须出示自报到之日起前 15 天内县级以上医院出具的包括脑电图、心电图、血压、脉搏等指标在内的体格检查证明。

四、体重分级

（1）48 公斤级（≤48 kg）。

（2）52 公斤级（＞48 kg～≤52 kg）。

（3）56 公斤级（＞52 kg～≤56 kg）。

（4）60 公斤级（＞56 kg～≤60 kg）。

（5）65 公斤级（＞60 kg～≤65 kg）。

（6）70 公斤级（＞65 kg～≤70 kg）。

（7）75 公斤级（＞70 kg～≤75 kg）。

（8）80 公斤级（＞75 kg～≤80 kg）。

（9）85 公斤级（＞80 kg～≤85 kg）。

（10）90 公斤级（＞85 kg～≤90 kg）。

（11）100 公斤级（＞90 kg～≤100 kg）。

（12）100 公斤以上级（＞100 kg）。

五、称量体重及其规定

（1）称量体重分两次进行，第一次在抽签前进行，第二次在进入前八名后进行。

（2）运动员经资格审查合格后方可参加称量体重，并且必须携带《运动员注册证》。

（3）必须在仲裁委员的监督下称量体重，由检录长负责，编排记录员配合完成。

（4）运动员必须按照大会规定的时间到指定地点称量体重。称量体重时裸体或只穿短裤（女子运动员可穿紧身内衣）。

（5）称量体重先从比赛设定的最小级别开始，每个级别在 1 小时内称完。如体重不符，在规定的称量时间内达不到报名级别时，则不准参加后面所有场次的比赛。

六、抽签

（1）由编排记录组负责抽签，由仲裁委员会主任、总裁判长及参赛队的教练或领队参加。

（2）在第一次称量体重后进行抽签，由比赛设定的最小级别开始。如该级别只有 1 人，则不能参加比赛。

七、服装护具

（1）比赛的护具分红、黑两种颜色。运动员必须穿戴竞赛组委会指定的拳套、护头、护胸，并且必须穿戴自备的护齿、护裆和缠手带，护裆必须穿在短裤内，缠手带的长度为 2.5 米～3.5 米。

（2）运动员必须穿指定的与比赛护具颜色相同的服装。

（3）拳套的重量：男子 65 公斤级及以下级别和女子及青少年运动员的拳套重量为 230 克；男子 70 公斤级及以上级别的拳套重量为 280 克。

八、比赛礼仪

（1）介绍运动员时，运动员向观众行抱拳礼。

（2）每局比赛开始前，运动员上台后先向本方教练员行抱拳礼，教练员还礼；运动员之间再相互行抱拳礼。

（3）宣布比赛结果时，运动员交换站位。宣布结果后，运动员先相互行抱拳礼，再向台上裁判员行抱拳礼，裁判员还礼。然后向对方教练员行抱拳礼，教练员还礼。

（4）边裁判员换人时，互相行抱拳礼。

九、弃权

（1）比赛期间，运动员因伤病（需有医务监督出具的诊断证明）或体重不符不能参加比赛，作弃权论，不再参加后面场次的比赛，但已进入名次的成绩有效。

（2）比赛进行时，运动员实力悬殊，为保护本方运动员的安全，教练员可举弃权牌表示弃权，运动员也可举手要求弃权。

（3）不能按时参加称量体重、赛前 3 次检录未到或检录后擅自离开，不能按时上场者，作无故弃权论。

（4）比赛期间，运动员无故弃权，取消本人全部成绩。

十、竞赛中的有关规定

（1）临场执行裁判员应集中精力，不得与其他人员交谈，未经裁判长许可不得离开席位。

（2）运动员必须遵守规则和比赛礼仪，尊重和服从裁判员。在场上不准有吵闹、谩骂、甩护具等任何表示不满的行为。每场比赛未宣布比赛结果前，运动员不得退场（因伤需急救者除外）。

（3）每名教练员只能代表所报名单位进行现场指导，并只能带一名助手或队医协助工作。比赛时，教练员和助手或队医坐在指定位置；局间休息时，允许给运动员按摩和指导。

（4）运动员严禁使用兴奋剂，局间休息时不得输氧。

第二节　裁判人员及其职责

本节给出裁判人员及其职责的范例，可供教学参考使用。

一、裁判人员的组成

（1）总裁判长 1 人，副总裁判长 1～2 人。

（2）临场执行裁判组：裁判长、副裁判长、台上裁判员各 1 人，边裁判员 3 人或 5 人。根据比赛需要，可设 1～2 组裁判人员。

（3）记录员、计时员各 1 人。

（4）编排记录长 1 人。

（5）检录长 1 人。

二、辅助裁判人员的组成

（1）编排记录员 2～4 人。

（2）检录员 4～6 人。

（3）医务监督 1 人，医务人员 2～3 人。

（4）宣告员 1～2 人。

（5）电子计分系统操作员 2～3 人。

三、裁判人员的职责

（一）总裁判长

（1）负责组织裁判人员学习竞赛规程、规则和裁判法。

（2）检查落实场地、器材、裁判用具及称量体重、抽签、编排等有关竞赛的准备工作。

（3）根据竞赛规程、规则的要求，解决竞赛中的有关问题。但不能修改竞赛规程和规则。

（4）每场比赛，运动员因弃权变动秩序，应及时通知裁判长、编排记录长和宣告员。

（5）比赛中指导各裁判组的工作，根据需要可以调动裁判人员。

（6）负责检查裁判员执行规则的情况。裁判组出现有争议的问题，有权做出最后决定。

（7）审核、签署和宣布比赛成绩。

（8）向大会递交书面总结。

（二）副总裁判长

协助总裁判长工作，总裁判长缺席时，可代行其职责。

（三）裁判长

（1）负责本组裁判员的学习和工作安排。

（2）比赛中监督和指导裁判员、计时员、记录员的工作。

（3）台上裁判员有明显错判、漏判时，鸣哨提示改正。

（4）边裁判员出现明显错判，宣布结果前征得总裁判长同意后可以改判。

（5）根据临场运动员的情况和记录员的记录，处理优势胜利、下台、处罚、强制读秒等有关规定事宜。

（6）每局比赛结束后，宣告评判结果，决定胜负。

（7）每场比赛结束时审核、签署比赛成绩。

（四）副裁判长

协助裁判长工作，根据需要可以兼任其他裁判员的工作。

（五）台上裁判员

（1）检查场上运动员的护具，保障比赛安全。

（2）用口令和手势指挥运动员进行比赛。

（3）判定运动员倒地、下台、犯规、消极、强制读秒、临场治疗等有关事宜。

（4）宣布每场比赛结果。

（六）边裁判员

（1）根据规则判定运动员的得分。

（2）每局比赛结束后，根据裁判长信号，同时、迅速显示评判结果。

（3）每场比赛结束后，在记分表上签名并保存，以备检查核实。

（七）记录员

（1）赛前认真将有关信息填入记录表。

（2）参加称量体重的工作，并将每名运动员的体重填入每场比赛的记录表。

（3）根据台上裁判员的口令和手势，记录运动员被警告、劝告、强制读秒、下台的次数。

（4）记录边裁判员每局的评判结果，确定胜负后报告裁判长。

（八）计时员

（1）赛前检查铜锣、计时钟，核准秒表。

（2）负责比赛、暂停、读秒、局间休息的计时。

（3）每局赛前10秒钟鸣哨通告。

（4）每局比赛结束鸣锣通告。

（5）无电子计分系统的情况下，每局比赛结束时，宣读边裁判员的评判结果。

（九）编排记录长

(1) 负责运动员资格审查,审核报名表。

(2) 负责组织抽签,编排每场比赛秩序表。

(3) 准备比赛中所需要的表格,审查核实成绩,录取名次。

(4) 登记和公布各场比赛成绩。

(5) 统计和收集有关材料,汇编成绩册。

（十）编排记录员

根据编排记录长分配的任务进行工作。

（十一）检录长

(1) 负责称量运动员体重。

(2) 负责护具的准备与赛中护具的管理。

(3) 赛前 20 分钟负责召集运动员检录。

(4) 检录时,如出现运动员不到或弃权等问题,及时报告总裁判长。

(5) 按照规则的要求,检查运动员的服装和护具。

（十二）检录员

根据检录长分配的任务进行工作。

（十三）宣告员

(1) 摘要介绍竞赛规程、规则和有关的宣传材料。

(2) 介绍临场裁判员、运动员。

(3) 宣告评判结果。

（十四）医务监督

(1) 审核运动员《体格检查表》。

(2) 负责赛前对运动员进行体检抽查。

(3) 负责临场伤病的治疗与处理。

(4) 负责因犯规造成运动员受伤情况的鉴定。

(5) 负责竞赛中的医务监督,对因伤病不宜参加比赛者,应及时向总裁判长提出其停赛建议。

(6) 配合兴奋剂检测人员检查运动员是否使用违禁药物。

（十五）电子计分系统操作员

负责与电子计分系统操作相关的工作。

第三节　仲裁委员会及其职责与申诉

一、仲裁委员会的组成

由主任、副主任、委员 3 人或 5 人组成。

二、仲裁委员会的职责

(1) 仲裁委员会在大会组委会的领导下进行工作。主要受理参赛队对裁判人员有关违反竞赛规程、规则的判决结果有不同意见的申诉。

（2）受理参赛队对裁判执行竞赛规程、规则的判决结果有异议的申诉，但只限对本队判决的申诉。

（3）申诉后，应立即进行处理，不得耽误其他场次的比赛、名次的评定及发奖。裁决结果出来后，应及时通知有关参赛队。

（4）据申诉材料提出的情况，必要时可以复审录像，进行调查。召开仲裁委员会讨论研究。开会时可以邀请有关人员列席参加，但无表决权。仲裁委员会出席人数必须超过半数以上做出的决定方为有效。表决结果相等时，仲裁委员会主任有终裁权。

（5）仲裁委员会成员不参加本人所在单位参赛队有牵连问题的讨论。

（6）对申诉提出的问题，经过严格认真复审，确认原判无误，则维持原判；如确认原判有明显错误，仲裁委员会提请中国武术协会对错判的裁判员按有关规定处理。仲裁委员会的裁决为最终裁决。

三、申诉程序及要求

（1）运动队如果对裁判组的判决结果有异议，必须在该运动员比赛结束后 15 分钟内，由本队领队或教练向仲裁委员会提出书面申诉，同时交付 1000 元的申诉费。如申诉正确，退回申诉费；申诉不正确的，则维持原判，申诉费不退，作为优秀裁判员的奖励基金。

（2）各队必须服从仲裁委员会的最终裁决。如果无理纠缠，根据情节轻重，可以建议竞赛监督委员会、竞赛组委会给予严肃处理。

第四节　竞赛监督委员会及其职责

一、竞赛监督委员会的组成

由主任、副主任、委员 3 或 5 人组成。

二、竞赛监督委员会的职责

（1）监督仲裁委员会的工作。对于不能正确履行仲裁委员会职责，裁决运动队的申诉不公，有违反《仲裁委员会条例》的人员，视情节轻重，给予批评、教育、撤换乃至停止工作的处分。

（2）监督裁判人员的工作。对于不能正确履行自己的职责，不能严肃、认真、公正、准确地进行裁判，有明显违反规程、规则的行为者；有明显错判、漏判、反判的行为者；接受运动队的贿赂，以不正当的手段偏袒运动员者，视情节轻重，给予批评、教育、撤换、停止工作，乃至建议对其实施降级或撤消其裁判等级的处分。

（3）监督参赛单位各领队、教练、运动员的行为。对于不遵守《赛区工作条例》、《运动员守则》，不遵守竞赛规程、规则及赛场纪律，对参赛队行贿，运动员之间搞交易、打假赛等有关违纪人员，视情节轻重，给予批评、教育、通报、取消比赛成绩、取消比赛资格等处分。

（4）竞赛监督委员会听取领队、教练、运动员、仲裁人员、裁判人员对竞赛过程中的各种反映及意见，保证竞赛公正、准确、圆满、顺利地进行。

（5）竞赛监督委员会不直接参与仲裁委员会、裁判人员职责范围内的工作，不干涉仲裁委员会、裁判人员正确履行自己的职责，不介入判决结果的纠纷，不改变裁判组的判决结果和仲裁委员会的裁决结果。

第五节 技法要求、得分标准与判罚

本节给出技法要求、得分标准与判罚的范例，供教学参考使用。

一、可用方法

除禁用方法外，可以使用武术的各种拳法、腿法和摔法。

二、禁用方法

（1）用头、肘、膝和反关节技法攻击对方。
（2）用迫使对方头部先着地的摔法或有意砸压对方。
（3）用任何方法攻击倒地方的头部。

三、得分部位

头部、躯干、大腿。

四、禁击部位

后脑、颈部、裆部。

五、得分标准

（一）得 2 分

（1）一方下台，另一方得 2 分。
（2）一方倒地，站立者得 2 分。
（3）用腿法击中对方头部、躯干得 2 分。
（4）用主动倒地的动作致使对方倒地，而自己顺势站立者，得 2 分。
（5）一方被强制读秒一次，另一方得 2 分。
（6）一方受警告一次，另一方得 2 分。

（二）得 1 分

（1）用拳法击中对方头部、躯干得 1 分。
（2）用腿法击中对方大腿得 1 分。
（3）运动员被指定进攻后达 5 秒钟仍不进攻时，另一方得 1 分。

(4) 一方主动倒地 3 秒钟不起立,另一方得 1 分。

(5) 一方受劝告一次,另一方得 1 分。

(三)不得分

(1) 方法不清楚,效果不明显,不得分。

(2) 双方下台,互不得分。

(3) 双方倒地,互不得分。

(4) 一方用方法主动倒地,另一方不得分。

(5) 抱缠中击中对方,不得分。

六、犯规与罚则

(一) 技术犯规

(1) 消极搂抱对方。

(2) 背向对方逃跑。

(3) 处于不利状况时举手要求暂停。

(4) 有意拖延比赛时间。

(5) 上场不戴或有意吐落护齿、松脱护具。

(6) 比赛中对裁判员有不礼貌的行为或不服从裁判。

(二) 侵人犯规

(1) 在口令"开始"前或喊"停"后进攻对方。

(2) 击中对方禁击部位。

(3) 以禁用方法击中对方。

(三) 罚则

(1) 每出现一次技术犯规,劝告一次。

(2) 每出现一次侵人犯规,警告一次。

(3) 侵人犯规达 3 次,取消该场比赛资格。

(4) 运动员故意伤人,取消其比赛资格,所有成绩均无效。

(5) 运动员使用违禁药物或局间休息时输氧,取消其比赛资格,所有成绩均无效。

七、暂停比赛

(1) 运动员倒地(主动倒地除外)或下台时。

(2) 运动员犯规受罚时。

(3) 运动员受伤时。

(4) 运动员相互抱缠没有进攻动作或无效进攻超过 2 秒时。

(5) 运动员主动倒地超过 3 秒钟时。

(6) 运动员被指定进攻超过 5 秒钟仍不进攻时。

(7) 运动员举手要求暂停时。

(8) 裁判长纠正错判、漏判时。

(9) 相关人员处理场上问题或发现险情时。

(10) 因灯光、场地、电脑评分系统故障等客观原因影响比赛时。

第六节　胜负评定与名次评定

本节给出胜负评定与名次评定的范例，供教学参考使用。

一、胜负评定

（一）优势胜利评定

（1）在比赛中，双方实力悬殊，台上裁判员征得裁判长的同意，判技术强者为该场胜方。

（2）一方被重击（侵人犯规除外）倒地不起达 10 秒，或虽能站立但知觉失常，判另一方为该场胜方。

（3）一场比赛中，一方被重击强制读秒（侵人犯规除外）达 3 次，判另一方为该场胜方。

（二）每局胜负评定

（1）每局比赛结束时，依据边裁判员的评判结果，判定每局胜负。

（2）一局比赛中，一方受重击被强制读秒（侵人犯规除外）2 次，另一方为该局胜方。

（3）一局比赛中，一方 2 次下台，另一方为该局胜方。

（4）一局比赛中，双方运动员得分相同时，判主动进攻技术强者为胜方。

（三）每场胜负评定

（1）一场比赛，先胜两局者为该场胜方。

（2）比赛中，运动员出现伤病，经医生诊断不能继续比赛者，判另一方为该场胜方。

（3）比赛中因一方犯规，另一方诈伤，经医务监督确诊后，判犯规一方为该场胜方。

（4）因对方犯规而受伤，通过医务监督检查确认不能继续比赛者，为该场胜方。但不得参加后面所有场次的比赛。

二、名次评定

（一）个人名次评定

（1）淘汰赛时，直接产生名次。

（2）循环赛时，积分多者名次列前，若两人或两人以上积分相同时，按下列顺序排列名次：

① 负局数少者列前。

② 受警告少者列前。

③ 受劝告少者列前。

④ 体重轻者列前（以第一次称量体重为准）。

上述四种情况仍相同时，名次并列。

（二）团体名次评定

1. 名次分

（1）各级别录取前 8 名时，分别按 9、7、6、5、4、3、2、1 的得分计算。

（2）各级别录取前 6 名时，分别按 7、5、4、3、2、1 的得分计算。

2. 积分相同时的处理办法

两个或两个以上的团体分数相同时，按下列顺序排列名次：

（1）按个人获得第 1 名多的队名次列前；如再相同时，按个人获得第 2 名多的队名次列前，依次类推。

（2）受警告少的队名次列前。

（3）受劝告少的队名次列前。

如以上几种情况仍相同时，名次并列。

第七节　编排与记录

一、编排

（一）编排原则

（1）以竞赛规程、报名表和比赛的总时间为依据。

（2）同一级别、同一轮次的比赛应相对集中安排，条件要均等。

（3）一名运动员一天最多安排两场比赛，且不在同一单元。

（4）同一单元的比赛由体重轻的级别开始。

（二）种子设定

（1）上一次全国锦标赛取得前四名的运动员确定为种子选手，并根据成绩排出种子的顺序。

（2）变动级别的运动员不能定为种子选手。

（3）种子选手不再抽签，编排时根据种子的顺序号在轮次表中找到相应号码的位置，即种子的位置。

二、记录

（1）边裁判员根据得分标准和台上裁判员的判定，记录运动员的得分，每局比赛结束后将运动员的得分填入记分表中。

（2）记录员将警告、劝告、强制读秒、下台分别进行记录。

（3）循环赛制时，编排记录组根据每场比赛的结果在记分表中为胜方计 2 分，负方计 0 分。因对方弃权获胜时，计 2 分，弃权者为 0 分。

第八节　口令与手势

一、台上裁判员口令与手势

（一）抱拳礼

两腿并立，左掌右拳于胸前相抱，高与胸齐，手与胸之间距离为 20～30 厘米，见图 12-8-1 和图 12-8-2。

图 12 - 8 - 1　　　　　　　图 12 - 8 - 2

（二）上台

站在擂台中央成侧平举，掌心朝上指向双方运动员，见图 12 - 8 - 3。在发出指令的同时，屈臂侧举成 90°，掌心相对，见图 12 - 8 - 4。

图 12 - 8 - 3　　　　　　　图 12 - 8 - 4　　　　　　　图 12 - 8 - 5

（三）双方运动员行礼

双臂屈于体前，左掌盖于右拳背之上，示意运动员行礼，见图 12 - 8 - 5。

（四）第一局

面向裁判长席，一手食指竖起，其余四指弯曲，直臂前举，成弓步，见图 12 - 8 - 6。

（五）第二局

面向裁判长席，一手食指、中指伸直分开竖起，其余三指弯曲，直臂前举，成弓步，见图 12 - 8 - 7。

（六）第三局

面向裁判长席，一手拇指、食指、中指分开竖起，其余两指弯曲，直臂前举，成弓步，见图 12 - 8 - 8。

图 12 - 8 - 6　　　　　　　图 12 - 8 - 7　　　　　　　图 12 - 8 - 8

（七）"预备—开始"

立于双方运动员中间成弓步，在发出"预备"口令的同时，两臂伸直，仰掌指向双方运动员，见图 12-8-9。在发出"开始"口令的同时，两手俯掌内合于腹前，见图 12-8-10。

　　　　图 12-8-9　　　　　　　　　　图 12-8-10

（八）"停"

在发出"停"的口令同时成弓步，立掌单臂伸向双方运动员中间，见图 12-8-11。

（九）消极 5 秒

一臂指向消极运动员，一臂伸直上举，手指自然分开、伸直，见图 12-8-12。

　　　　图 12-8-11　　　　　　　　　　图 12-8-12

（十）读秒

面对运动员，屈臂握拳于体前，拳心向前，从一手拇指至小指与口令同时依次张开，见图 12-8-13 和图 12-8-14。

（十一）消极搂抱

双手环抱于体前，见图 12-8-15。

　　图 12-8-13　　　　　　图 12-8-14　　　　　　图 12-8-15

（十二）强制读 8 秒

单臂指向裁判台，拇指竖直，其余四指弯曲，见图 12 - 8 - 16。

（十三）3 秒

一臂伸直仰掌斜上举指向某方运动员，另一手拇指、食指、中指自然分开，其余两指弯曲，掌心向下，自腹前向外横摆于体侧，见图 12 - 8 - 17。

（十四）指定进攻

单臂伸向双方运动员中间，拇指伸直，其余四指弯曲，手心朝下，在发出"某方进攻"口令的同时，向拇指方向横摆，见图 12 - 8 - 18。

图 12 - 8 - 16　　　　　　图 12 - 8 - 17　　　　　　图 12 - 8 - 18

（十五）倒地

一臂伸直指向倒地一方，手心朝上，另一臂屈于体侧，掌心朝下，见图 12 - 8 - 19。

图 12 - 8 - 19　　　　　　图 12 - 8 - 20　　　　　　图 12 - 8 - 21

（十六）一方下台

一臂前平举指向下台一方，见图 12 - 8 - 20，另一手立掌，手心朝前，向前平推成弓步，见图 12 - 8 - 21。

（十七）双方下台

弓步，双手立掌，手心朝前，向前平推伸直，见图 12 - 8 - 22。而后屈臂上举于体前成90 度，掌心朝后，成并步直立，见图 12 - 8 - 23。

（十八）踢裆

一臂伸直指向犯规运动员，手心朝上；另一手掌心向内，摆至裆前，见图 12 - 8 - 24。

（十九）击后脑

一臂伸直指向犯规运动员，另一手俯按于后脑，见图 12 - 8 - 25。

（二十）肘犯规

双臂屈于胸前，一手俯盖于另一肘部，见图 12 - 8 - 26。

图 12 - 8 - 22　　　　　　　　　图 12 - 8 - 23

图 12 - 8 - 24　　　　　　图 12 - 8 - 25　　　　　　图 12 - 8 - 26

（二十一）膝犯规

提膝，用手拍膝盖部，见图 12 - 8 - 27。

图 12 - 8 - 27

（二十二）警告

一臂伸直指向犯规运动员，掌心朝上，另一手示出犯规现象后，屈臂成 90°握拳上举于体前，拳心朝后，见图 12 - 8 - 28。

（二十三）劝告

一臂伸直，掌心朝上指向犯规运动员，在发出"犯规"口令的同时，屈臂成 90°立掌上举于体前，掌心朝后，见图 12 - 8 - 29。

(二十四) 取消比赛资格

两手握拳，两前臂交叉于胸前，见图 12 - 8 - 30。

　　图 12 - 8 - 28　　　　　　图 12 - 8 - 29　　　　　　图 12 - 8 - 30

(二十五) 无效

两臂伸直，在腹前交叉摆动，见图 12 - 8 - 31 至图 12 - 8 - 33。

　　图 12 - 8 - 31　　　　　　图 12 - 8 - 32　　　　　　图 12 - 8 - 33

(二十六) 急救

面对大会医务席，两手立掌，两前臂在胸前成十字交叉，见图 12 - 8 - 34。

(二十七) 休息

仰掌侧平举，指向双方运动员休息处，见图 12 - 8 - 35。

　　图 12 - 8 - 34　　　　　　图 12 - 8 - 35

(二十八) 交叉站位

站在擂台中央，双臂伸直在腹前交叉，见图 12 - 8 - 36。

（二十九）获胜

平行站于两名运动员中间，一手握获胜运动员手腕上举，见图 12 - 8 - 37。

图 12 - 8 - 36   图 12 - 8 - 37

二、边裁判员手势

（一）下台或倒地

一手食指伸直向下，其余四指弯曲，见图 12 - 8 - 38。

（二）没下台或没倒地

一手平掌，左右摆动 1 次，见图 12 - 8 - 39。

（三）没看清

双手仰掌由体前向外曲肘平摆，见图 12 - 8 - 40。

图 12 - 8 - 38   图 12 - 8 - 39   图 12 - 8 - 40

第九节 场地与器材

一、场地

（1）比赛场地为高 80 cm，长 800cm，宽 800 cm 的擂台，台面上铺有软垫；软垫上铺有盖单，台中心画有直径 120 cm 的中国武术协会的会徽。台面边缘有 5 cm 宽的红色边线，台面四边向 90 cm 处画有 10 cm 宽的黄色警戒线。

（2）台下四周铺有高 30 cm、宽 200 cm 的保护软垫。

二、器材

电子评分系统一套。

附录　武术散打比赛相关图表

武术散打比赛现场地平面示意图

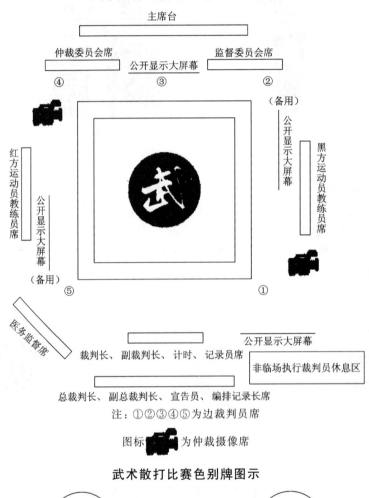

注：①②③④⑤为边裁判员席

图标 为仲裁摄像席

武术散打比赛色别牌图示

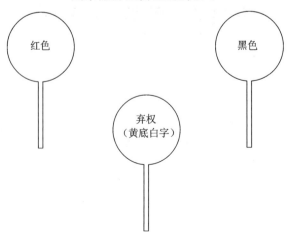

单循环赛轮次表（3 人）

第一轮	第二轮	第三轮
1—0	1—3	1—2
2—3	0—2	3—0

人数为 n，轮数＝n－1，场数＝$\dfrac{N(n-1)}{2}$。

单败淘汰赛轮次表（8 人）

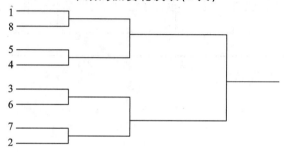

双败淘汰赛轮次表（16 人）

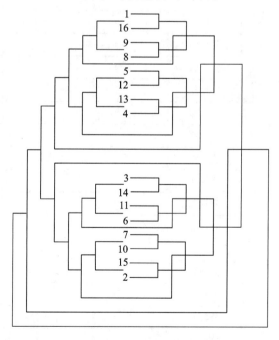

武术散打比赛报名表

姓名：　　　　　　领队：　　　　　　教练：　　　　　　医生：

序号	姓名	性别	出生年月	体重	48 kg	52 kg	56 kg	60 kg	65 kg	70 kg	75 kg	80 kg	85 kg	90 kg	100 kg	100 kg以上	备注

医院章：　　　　　　　　　　　　　　　　　　　　　　　　　　年　　月　　日

单位章：

武术散打竞赛日程表

时间			级别	轮次	场数		备注
日	上午		公斤级	（　）			
			公斤级	（　）			
			公斤级	（　）			
	晚上		公斤级	（　）			
			公斤级	（　）			
			公斤级	（　）			
日	上午		公斤级	（　）			
			公斤级	（　）			
			公斤级	（　）			
	晚上		公斤级	（　）			
			公斤级	（　）			
			公斤级	（　）			
日	上午		公斤级	（　）			
			公斤级	（　）			
			公斤级	（　）			
	晚上		公斤级	（　）			
			公斤级	（　）			
			公斤级	（　）			

单循环赛积分成绩表

	1 (姓名)	2 (姓名)	3 (姓名)	积分	负局数	警告	劝告	体重	名次	备注
1 (姓名)										
2 (姓名)										
3 (姓名)										

编排记录长：_____　　　　　　　　总裁判长：_____

年　　月　　日

记 录 表

级别_____　　红方_____　　体重_____　　黑方_____　　体重_____

姓名 局数 / 判罚	警告	劝告	强制读秒	下台	边裁 (1)	边裁 (2)	边裁 (3)	边裁 (4)	边裁 (5)	每局胜负	备注
第一局											
第二局											
第三局											
结果											

裁判长_____　　　　记录员_____　　　____年___月___日　　第_____场

边裁判员记分表

级别　　　　　　　　　　　　　　　　　　　　　　　　第____号裁判

色别	姓名	队名	第一局	第二局	第三局
红方					
黑方					
备注					

签名　　　　　　　比赛时间　　年　　月　　日　　第　　场

参 考 文 献

[1] 中国国家体育总局. 武术（散手）[M]. 北京：人民体育出版社，1999.

[2] 邱丕相，朱瑞琪，等. 中国武术教程[M]. 北京：人民体育出版社，2004.

[3] 陈国荣，等. 全国散手运动员体能测试指标的生理生化监测[J]. 北京体育大学，2002.

[4] 王家忠. 散打运动的项目特征及选材研究[J]. 巢湖学院学报，2006，8(3)：P114-116.

[5] 李正恩. 散打运动员专项身体素质测量指标及评价标准的研究[J]. 湖北体育科技，2004，23(2)：165-166.

[6] 俞继英. 奥林匹克跆拳道[M]. 北京：人民体育出版社，2005.

[7] 王智慧. 现代散打技法[M]. 北京：人民体育出版社，2005.

[8] 曾于久. 武术散打训练新论[M]. 北京：人民体育出版社，2013.

[9] 周争蔚. 散打教学与训练[M]. 北京：人民体育出版社，2010.

[10] 王智慧. 散打技术与实战训练[M]. 北京：人民体育出版社，2012.

[11] 中国武术协会. 武术散打竞赛规则与裁判法（2013）[M]. 北京：人民体育出版社，2013.

[12] 孙永武，丁兰英，徐诚堂. 散打 [M]. 福州：福建科学技术出版社，2013.

[13] 应守伟，陈杨. 散打[M]. 重庆：西南师范大学出版社，2013.

[14] 邱丕相. 中国武术教程（下册）. [M]. 北京：人民体育出版社，2003.